目　次

こうなる!!
第Ⅰ編　宅地の評価と道路の関係

1．宅地の評価は、どうする？　15

(1) 土地は、どのようにして評価するか……………………………………………15
　① 土地の価額は、どのようにして求めるか……………………………………15
　② 一体利用されている一団の土地が２以上の地目からなる場合……………16
　③ 評基通７の「なお書」の定め…………………………………………………18
　④ 宅地の「評価単位」とは、どのようなものか………………………………21
　　■「評価単位」の判定に際しての基本的な考え方……………………………22
　　■分割後の画地が不合理分割と認められる場合………………………………22
　⑤ 連棟式の建物（長屋）の敷地の評価は、どのようにして行うか…………23
　⑥ 宅地の評価は、どのようにして行うか………………………………………23
(2) 「路線価」は、どのようにして決まるのか……………………………………23
　　■路線価図とその見方……………………………………………………………24
(3) 路線価方式による評価額は、どのようにして求めるのか……………………25
　① 「地区区分」とは？……………………………………………………………25
　② 「画地調整」とは？……………………………………………………………25
　　■画地調整による評価額の計算…………………………………………………26
　③ 「間口距離」の取り方は？……………………………………………………28
(4) 倍率方式による評価額は、どのようにして求めるのか………………………29
　① 「倍率方式」とは、どんな方式か……………………………………………29
　　◆資料の収集方法…………………………………………………………………30
　② 「倍率方式」による評価額の計算は、どうするか…………………………30
　　■『土地総合情報システム』地価公示・地価調査・取引価格情報（国土交通省）…………31
　　■地価公示・地価調査マップ(民間調査機関による情報)……………………34

2．財産評価上の道路と建築基準法などの道路は、どこがどう違う？　36

(1) 財産評価上の「道路」の範囲とは？……………………………………………36
(2) 建築基準法や都市計画法による建築制限や開発規制で宅地の評価は、どうなるか…………36
　　■特定路線価設定申出書の提出チェックシート………………………………37

3. 宅地の評価で問題になる道路とは？　38

(1) 道路に2m以上接していなければ、建物は建てられないか……38
(2) 宅地の評価で問題になるのは、どんな道路か……38
　　■建築基準法42条に規定する道路の種類……38

4. 『接道義務』を満たす・満たさないの判定は、どうする？　40

(1) 建築基準法では道路への接し方を、どのように規制しているのか……40
　① 接道義務を満たす場合とは？……40
　② 接道義務を満たさない場合とは？……40
　③ 接道義務を満たす宅地とするには、どうすればよいか……41
(2) 道路幅員は、どのようにして確認するか……43
　① 「道路幅員」とは、どこからどこまでをいうのか……43
　② 「側溝」は、道路に含まれるか……43
　③ 「道路の中心線」は、どのようにして決めるのか……45
(3) 農道（里道）にも、接道義務の規制が適用されるか……46

5. 道路や宅地の利用制限は、どこで確認するか　49

　① 認定道路か認定外道路かは、どこで確認するか……49
　② 建築制限の有無等は、どこで確認するか……49
　③ 都市計画道路予定地の有無は、どこで確認するか……50
　④ 条例による接道義務の制限規定の有無は、どこで確認するか……50
　【参考】条例による「建物の敷地が路地状部分だけで道路に接する場合の接道義務」……51

6. 利用制限のある宅地の評価は、どうするか　53

　① 接道状況で宅地の利用が制限される場合は、どうするか……53
　② 法令で宅地の利用が制限される場合は、どうするか……54
　　■宅地評価において特に事前確認を要する事例……55
　③ 住環境保全のための利用制限を設けた道路に接する宅地の評価は、どうするか……56

7. 利用価値の著しく低下している宅地の評価は、どうするか　58

(1) 「利用価値の著しく低下している宅地」とは、どんな宅地か……58
(2) 利用価値の著しく低下している宅地の評価は、どうするか……59

はじめに

　相続税・贈与税の実務処理において、一番厄介で、頭を悩ませる問題は、相続人間の財産分与の調整ではなく、財産の価格をどのように評価するのか、という問題であるとさえ言われています。このような財産の評価については、財産評価基本通達が徐々に整備されてきてはいますが、実務処理においては、まだまだ一筋縄では対処できない様々な問題が潜んでいます。

　例えば、宅地の評価一つとっても、単純に、その宅地が接する道路の路線価に、評価対象地の地積を乗じるだけで完了するものではありません。外見は、同じように見える宅地であっても、一つとして、同じ宅地はありません。その宅地はどのような形で道路に接しているのか、宅地が接している道路はどのような種類の道路なのか、また、その宅地はどのような地域にあるのか、あるいは、その宅地の利用状況はどのようなものなのか、その宅地は異なる2以上の土地と一体となって利用されていないか、といった様々な要因を検索したうえで、その宅地を評価することになるのです。

　したがって、同じ路線に接している宅地であっても、その宅地の地域環境や道路への接し方、法律の規制、宅地自体の個別的要因などによって、宅地の評価方法や評価額が大きく変わってきます。財産評価においては、このように最もポピュラーで最も身近な宅地の評価でさえ、最低限、これだけのことを考えながら評価する必要があるのです。

　財産評価は、正に複雑怪奇で、摩訶不思議な怪物であり、厄介な代物(しろもの)であるといえます。また、ある意味では、財産評価は、非常に懐が深いものであるともいえます。

　そこで、財産評価に関心の深い税理士など実務家十数人で結成した財産評価研究会（現在の「資産税研究会」の前身）において検討を重ねてきた研究テーマのうち、身近な問題でありながら実務上意外と疑義の多い『宅地の接道義務と評価の問題点』について幾度も議論を重ねたうえ、その内容を1冊の書籍にまとめたのが、平成15年12月のことでした。その後、旧財産評価研究会及びそのあとを引き継いだ資産税研究会での討議・検討内容をその都度、追加加筆して3度にわたり増補・改訂を重ねてきました。

　そして、今回の改訂に際しては、平成21年11月改訂以来の見直しとなるため、その後の評価通達の改正内容や本書で意見として記述していた内容が確定した取扱い等とされた事項など、実務対応の変遷等を踏まえたうえ、収録内容を全面的に見直し、現在の取扱いに合致する内容に書き改めました。

　ただし、大項目である第Ⅰ編から第Ⅴ編までの5項目の分類はそのまま踏襲することとしたうえで、土地評価の基本的な事項から説き起こし、現行の取扱いの疑問点までを、徐々にレベルアップを諮りながら読み進められるような構成としてみました。以下に、その概要を要約しておきます。

> 第Ⅰ編《宅地の評価と道路の関係》では、まず、土地評価の入口ともいえる土地の地目と評価単位の判定上の留意事項から解説することとし、続いて、二つ以上の地目からなる土地が一体利用であるか否かの判定上のチェック・ポイントへと進み、そして、本書のメインテーマである宅地の評価に影響を及ぼす"接道義務"に関する法律の規定と宅地評価との関係について解説
>
> 第Ⅱ編《道路で変わる宅地の評価》では、セットバック・都市計画道路予定地・地区の異なる2以上の道路に接する宅地、間口狭小宅地・無道路地・広大地などが宅地の評価にどのような影響を及ぼすかについて解説
>
> 第Ⅲ編《接道義務と宅地の評価Q&A》では、問題の多い特殊な宅地の評価手法について具体的な事例で検討
>
> 第Ⅳ編《利用規制がある宅地の評価上の疑問点検討》では、接道宅地を評価する場合に、評価の減額規定《各種補正率》の重複適用が可能か否かの検討や、道路に特殊な接し方をしている宅地の不動産鑑定評価と財産評価の違いやその疑問点等について検討
>
> 第Ⅴ編《倍率地域・土壌汚染地域の宅地の評価》では、倍率地域における宅地評価と固定資産税の評価単位の違い、実測値と登記簿上の地積が異なる場合や不整形地である場合の評価方法、さらには、問題が多いといわれている土壌汚染地域にある宅地の評価の仕方などについて解説
>
> 【附録／誤りやすい事例】では、宅地か雑種地かの判定で問題となる事例が多い駐車場の評価の仕方について解説

　これらについての評価方法や評価に際しての留意事項、さらには、評価資料の収集方法などについても、できうる限り具体的に説明することに注意を払い、解説をしています。また、その際には、具体的な計算事例と図解を交えて、わかりやすい内容となるように工夫しながら、解説をしています。さらに、実務における評価上の疑問点や問題点などについても、会員間の議論を集約したうえで収録しています。

　また、巻末には『参考資料』として、宅地評価の際に使用する各種の画地調整率を一覧表にまとめて掲載しています。

　今回の五訂版の改訂に際しては、実務における利活用に役立つ書籍とすることを骨子として見直しを行いました。とりわけ、土地評価の入口となる重要な部分でありながら、意外と評価ミスを犯してしまう事例が多いことから、その弊害を抜け出すための解説から記述することとしました。

　そのため、先ず、土地評価の基本となる「地目の判定」と「土地の評価単位」の考え方や、一体利用されている一団の土地が2以上からなる場合の地目の判定について、正しい判断をし

ていただくための記述にスペースを割いています。

　なお、本書の収録内容は、会員グループ内での議論の総意に近いものではありますが、種々の解釈や意見にわたる部分は、公的な見解ではなく、あくまでも民間人である会員の個人的な見解であることをお断りしておきます。
　したがって、本書の議論の内容を実務処理の参考とされる場合には、読者諸賢の判断と責任において、種々ご検討のうえご利用賜りますようお願い申し上げます。

　今後、経済・社会環境が複雑化するとともに、財産評価の手法も益々複雑化することが予測されます。また、納税者の権利意識の高まりとともに、税理士の相続事案の処理に対する損害賠償請求事案も増大してくるものと思われます。そのため、納税者に信頼される税務専門家として、誤りのない評価額算定の習熟度を深める必要性が、今後、益々高まってくるものと思われます。
　特に、評価対象地を物納財産とされる場合には、その評価額がそのまま相続税の納付税額になりますので、誤った評価によって納税者に大きな損害を与えることのないよう、細心の注意が必要です。

　本書が、今後の適切な評価指針確立への一助ともなり、ひいては円満な相続問題の解決に結びつく一因ともなって、損害賠償請求を未然に防ぐ糸口の役割を果たすことができれば、会員一同、望外の喜びとするところです。
　最後に、本書でのささやかな議論の提起が、宅地評価の幅広い論議の魁(さきがけ)となるとともに、読者諸賢の評価の勘所の習得に、いささかなりともお役に立つことができれば幸いです。

　　平成28年7月

　　　　　　　　　　　　　　　　　　　　　　　　　　　　資産税研究会　会員一同

> こうなる!!

第Ⅱ編　道路で変わる宅地の評価

　■宅地評価で、"接道義務"の規定が密接に関連する宅地……60

1. セットバックが必要な宅地の評価は、どうするか　61

(1) どうして「セットバック」が必要になるのか……61
　① 道路幅が4m（又は6m）未満でも建物が建っているのは、どうして？……61
　② 道路の中心線から2m未満のところで川やがけ地、線路敷地などに接している場合は？……62
(2) セットバックを要する道路に該当するか否かの確認は、どうするか……63
　■セットバックを要する道路か否かの確認手順……64
(3) セットバックを要する宅地の道路確認をする場合の留意点は、なにか……64
(4) セットバックが必要な宅地の評価は、どうするか……64
(5) セットバックが終了した宅地のセットバック部分の評価は、どうなるか……66
(6) 宅地以外でセットバックが必要になるのは、どんな場合か……66
　① セットバックを必要とする「市街地農地の評価」は、どうするか……66
　② セットバックを必要とする「市街地山林の評価」は、どうするか……68

2. 都市計画道路予定地の区域内にある宅地の評価は、どうするか　70

(1) 都市計画道路予定地の区域内に宅地があると、どうなるか……70
(2) 都市計画道路予定地の区域内であるか否かの確認は、どうするか……70
(3) 都市計画道路予定地の区域内にある宅地の評価は、どうするか……71
(4) 都市計画道路予定地の区域内にある宅地の評価を行う場合の留意点は、なにか……74
　① 宅地の地区区分の確認をする……74
　② 宅地の容積率の確認をする……74
(5) 道路以外の他の都市計画施設の予定地の場合は、どうするか……75

3. 路線価の設定されていない宅地の評価は、どうするか　75

(1) 「路線価の設定されていない道路のみに接する宅地」の評価は、どうするか……75
(2) 特定路線価を設定して評価をする場合の実務上の留意点は、なにか……76
(3) 特定路線価の設定申請は、どうするか……76
　■特定路線価設定申出書に添付する資料……76

4. 地区の異なる2以上の道路に接する宅地の評価は、どうするか　80

(1) 2以上の地区にわたる宅地の評価は、どうするか……………………………80
　■設例1／地区の異なる宅地が合理的に区分計算できる場合……………80
　■設例2／地区の異なる宅地が不整形地である場合……………………………81
(2) 地区の異なる2以上の道路に接する宅地の評価は、どうするか………………82
　■設例／地区の異なる2以上の路線に接する場合…………………………82

5. 間口が狭小な宅地や奥行が長大な宅地の評価は、どうするか　84

(1) 「間口が狭小な宅地」・「奥行が長大な宅地」とは、どんな宅地か……………84
(2) 「間口が狭小な宅地」・「奥行が長大な宅地」の評価は、どうするか…………84
　① 「間口が狭小な宅地」の評価額は、こうして求める………………………85
　　■設例1／普通住宅地区にある場合（奥行長大補正率の「適用なし」の場合）………85
　　■設例2／普通住宅地区にある場合（奥行長大補正率の「適用あり」の場合）………86
　② 「奥行が長大な宅地」の評価は、どうするか……………………………86
　　■設例／普通住宅地区にある場合……………………………………………87
　　■相続時の作業手順…………………………………………………………87

6. 道路に接していない宅地の評価は、どうするか　88

(1) 道路に接していない宅地は、どうやって道路と連絡をとるのか………………88
(2) 道路に接していない宅地や接道義務を満たしていない宅地の評価は、どうするか………88
　① 道路に接していない宅地の評価は、どうするか……………………………89
　② 接道義務を満たしていない宅地の評価は、どうするか……………………89
　③ 「無道路地」の評価額は、こうして求める…………………………………89
　　■設例1／道路に接していない宅地の場合……………………………………90
　　■設例2／接道義務を満たしていない宅地の場合……………………………91
(3) 無道路地の現地確認時の留意点は、なにか…………………………………92
　■相続時の作業手順……………………………………………………………94

7. 広大地の評価は、どうするか　96

(1) 広大地とは、どんな土地か…………………………………………………96
(2) 広大地に「該当する・しない」の判定は、どうするか………………………97
　■広大地に「該当するもの・しないもの」の条件の例示……………………97
　① 都市計画法の開発許可を要する面積基準と広大地の評価方法が適用できる面積とは？………98
　　■広大地評価の面積基準……………………………………………………99

② 「現に宅地として有効利用されている建築物等の敷地」とは、どんな敷地か……………100
　　③ 「公共公益的施設用地」とは、どんな土地か……………………………………………100
　　④ 「マンション適地」の判定は、どのようにして行うのか…………………………………101
　　⑤ 広大地評価の判定のための確認資料の収集……………………………………………103
　(3)　「市街化調整区域内の土地」の評価は、どうなるか………………………………………103
　　① 「市街化調整区域内の土地」の分類は、どうなっているか………………………………103
　　② 広大地に該当するかどうかの判定は、どうするか………………………………………104
　　　■広大地評価フローチャート……………………………………………………………105
　(4)　広大地の評価額の計算は、どうするか………………………………………………………106
　　① 広大地の評価の考え方…………………………………………………………………106
　　② 路線価地域にある広大地の評価は、どうするか…………………………………………107
　　　■広大地の地積区分別「広大地補正率」早見表…………………………………………108
　　　■設例1／広大地の評価額は、いくら？…………………………………………………108
　　③ 地積が5,000㎡を超える広大地の評価は、どうするか……………………………………108
　　④ 2以上の道路に接する広大地の正面路線価の判定は、どうするか………………………108
　　　■設例2／正面路線価は、いくら？………………………………………………………109
　　⑤ 倍率地域にある広大地の評価は、どうするか……………………………………………109
　　　■設例3／倍率地域にある広大地の評価額は、いくら？…………………………………110
　　⑥ 広大地補正率を適用した評価額が通常の評価方式による評価額を上回る場合は、
　　　どうするか………………………………………………………………………………111
　　⑦ 広大な市街地農地等、市街地山林及び市街地原野を宅地に転用すると、
　　　どうなるか………………………………………………………………………………111
　　⑧ 広大地が生産緑地・市街化調整区域内にある場合の評価は、どうするか………………112
　　⑨ 市街地雑種地は、広大地の評価対象となるか……………………………………………112
　(5)　計算例で考える広大地の評価………………………………………………………………113
　　① 平成16年6月の通達改正で広大地の評価方法は、どう変わったか………………………113
　　　■通常の宅地と広大地の評価方法の比較…………………………………………………113
　　② 広大地として「評価した場合」・「しなかった場合」で、評価額はどれだけ違うか……114
　　　■設例4／通常の宅地の評価額と広大地評価額の軽減額の違い…………………………114
　　　■設例5／賃貸住宅を建設した場合の相続税の軽減効果…………………………………115

どうなる？
第Ⅲ編　接道義務と宅地の評価Q&A
―― セットバック・私道・里道・不整形地など ――

■問題点のまとめ……………………………………………………………………117

1. こんな場合はどうなる？　セットバックの判定Q&A　　118

1．私道（認定外道路）に面する宅地のセットバックは？……………………118
2．公道と2項道路に面している宅地のセットバックは？……………………119
3．公道に囲まれた敷地内に通抜け私道がある宅地のセットバックは？……119
4．通抜けの「L字型私道のみに面する宅地」のセットバックは？…………120
5．公道に通じる2項道路にのみ接する宅地のセットバックは？……………120
6．所有地を提供して道路位置指定を受けた宅地のセットバックは？………121
7．一部にセットバック完了済の宅地がある場合の評価は？…………………122

2. こんな場合はどうなる？　私道の評価Q&A　　123

8．専用道路的役割を持つ土地の評価は？………………………………………123
9．貸宅地内にある行止り私道の評価は？………………………………………124
10．貸宅地と貸家建付地が混在する地区内にある私道の評価は？……………125
11．売却済の宅地内に残った私道の評価は？……………………………………126
12．袋地状の行止り私道の奥に公民館がある場合の私道の評価は？…………127
13．「コの字型」の通抜け私道の評価は？………………………………………128
　　　■相続時の作業手順…………………………………………………………130
14．「持出し部分」がある場合の私道の評価は？………………………………130
15．宅地の側方が通抜け私道に接する場合の側方路線影響加算は？…………131
16．宅地の側方が行止り私道である場合の側方路線影響加算は？……………132

3. こんな場合はどうなる？　赤線・青線がある場合の宅地の評価Q&A　　133

17．宅地内に赤線がある場合の評価は？…………………………………………134
　　　【解決法――その1】………………………………………………………134
　　　【解決法――その2】………………………………………………………135
　　　【解決法――その3】………………………………………………………135

4. こんな場合はどうなる？　不整形地の評価Q&A　　136

18．不整形地の評価方法は？………………………………………………………136

(1) 不整形地の評価方法···136
(2) 不整形地に係る奥行価格補正率適用後の価額···136
　① 区分した整形地を基として評価する方法···136
　② 計算上の奥行距離を基として評価する方法···137
　③ 近似整形地を基として評価する方法··138
　④ 差引き計算《抜取り計算》により評価する方法···································139
(3) 側方路線影響加算から三方又は四方路線影響加算··140
(4) 不整形地補正率の算定···140
　① 想定整形地の作図···140
　② かげ地割合の算定···141
　③ 「地積区分表」と「不整形地補正率表」による不整形地補正率の算定（下限60％）·····142
　④ 大工場地区にある不整形地···142
(5) 事例による不整形地補正率の適用··142
(6) 帯状部分を有する不整形地の評価方法···143
　① 帯状部分を有する不整形地の評価方法の確認·······································143
　② 不整形地の評価で注意すべき事項···146
(7) 角地としての効用を有しない不整形地の評価···146

第Ⅳ編　利用規制がある宅地の評価上の疑問点検討　どうなる？

1. 減額措置の重複適用は、可能か　149

(1) 補正率の重複適用で、評価はどう変わるか···149
　■セットバックの減額と都市計画道路予定地の減額の重複適用が
　　できる場合・できない場合··149
(2) 減額措置の重複適用が「できる場合」・「できない場合」の判定は？········150
　■接道宅地の評価に関連する減額措置の重複適用判定早見表·····················151
　① 広大地補正率と各種補正率の重複適用の可否·······································151
　■広大地補正率と財産評価基本通達に規定する各種補正率との重複適用の可否·····152
　② セットバックを要する宅地と広大地補正率の重複適用·························152
　③ 都市計画道路予定地と広大地補正率の重複適用····································152
　④ 「容積率の異なる2以上の地域にわたる宅地の評価」と「都市計画道路予定地の
　　区域内にある宅地の評価」の重複適用··153

⑤ 「セットバックを必要とする宅地の評価」と「都市計画道路予定地の区域内にある宅地の評価」の重複適用……153

2. 特殊な接道宅地の不動産鑑定評価と財産評価の疑問点の検討　155

(1) 路線価の設定できる道路とは？……155
(2) セットバック部分の評価と疑問点……156
　① 建築基準法上のセットバックの規制……156
　② 不動産鑑定評価におけるセットバックを要する宅地の評価……156
　③ 財産評価における宅地のセットバック部分の評価……157
　④ 不動産鑑定評価と財産評価の違いと疑問点……157
(3) 私道部分の評価と私道負担部分がある位置指定道路の評価の疑問点……157
　① 建築基準法の「位置指定道路」とは？……157
　② 不動産鑑定評価における私道の評価……158
　③ 財産評価における私道部分の評価……159
　④ 疑問点の検討 ── 「位置指定道路でない行止り私道」の評価 ──……159
(4) 隅切りがある宅地の評価と疑問点……162
　① 私道に隅切りがある場合の隅切部分の評価……162
　② 疑問点の検討 ── 私有地の行止り私道に隅切りがある場合の評価 ──……163
(5) 前面道路との間に段差等がある宅地の評価と疑問点……164
　① 前面道路との間に段差等がある宅地の建築基準法上の接道義務は？……164
　② 前面道路との間に段差等がある宅地の不動産鑑定評価……164
　　■がけ地格差率表（別表第30）……165
　　■接面道路に高低差がある住宅地域の格差率表……166
　③ 前面道路との間に段差等がある宅地の財産評価……166
　④ 不動産鑑定評価と財産評価の違いと疑問点……166
　　■接面道路の方位による格差（例示：「標準住宅地域」の場合）……169
　⑤ 疑問点の検討 ── 親の所有するがけ地を子が造成して家を建てた場合の造成宅地の評価……169
(6) 前面道路との間に水路や河川がある場合の評価と疑問点……170
　① 不動産鑑定評価と財産評価の違い……170
　② 疑問点の検討 ── 前面道路と宅地との間に水路がある場合の評価区分 ──……171
(7) 赤線・青線がある場合の宅地の評価と疑問点……172
　① 不動産鑑定評価と財産評価の違いと疑問点……172
　② 疑問点の検討 ── 赤線・青線がある場合の宅地の評価 ──……173

第Ⅴ編　倍率地域・土壌汚染地域の宅地の評価　〈どうなる？〉

1. 倍率地域にある宅地の評価は、どうするか　174

(1) 倍率地域にある宅地の評価は、どうするか……174
(2) 「固定資産税の評価単位」と「倍率方式による評価単位」が異なる宅地の評価は、どうするか……175
　■事例1／1筆の宅地が複数の画地として利用されている場合の評価方法……176
　■事例2／1画地が数筆の宅地から構成されている場合の評価方法……176
(3) 倍率地域にある宅地の実測値と土地登記簿上の地積が異なる場合の宅地の評価は、どうするか……177
　■事例／倍率地域にある宅地の実測値と土地登記簿上の地積が異なる場合の仮の固定資産税評価額の求め方……177
(4) 固定資産税評価額が付されていない宅地の評価は、どうするか……178
(5) 倍率地域にある不整形地等の宅地の評価は、どうするか……178

2. 土壌汚染地域にある宅地の評価は、どうするか　179

(1) 土壌汚染対策法における措置には、どんなものがあるか……179
　① 「土壌汚染対策法」とは、どんな法律か……179
　② 土壌汚染に対する措置には、どんなものがあるか……179
　③ 土壌汚染対策法の問題点とは？……179
(2) 不動産鑑定評価では土壌汚染宅地は、どう評価するか……180
(3) 土壌汚染宅地の評価は、どうするか……181
　① 土壌汚染宅地の「判明の時期」と「課税関係」は？……181
　② 土壌汚染宅地の評価は、どうするか……181
　③ 土壌汚染宅地の『浄化費用』等は、どのようにして求めればよいのか……182
　④ 土壌汚染宅地の「浄化・改善に要した費用」と「宅地の価額」は、どうするか……182
　⑤ 土壌汚染の原因が相続人にない場合の「浄化・改善費用の請求権」は、どうなるか……182
　　■相続税の物納手続に関するＱ＆Ａ……183
　　　（物納許可後に土壌汚染等が判明した場合）

【附録／誤りやすい事例】
　〈Q&A〉有料駐車場として利用している土地の評価……185

【参考資料】 画地調整率一覧表

付表1／奥行価格補正率表···186
付表2／側方路線影響加算率表···187
付表3／二方路線影響加算率表···187
付表4／地積区分表（「路線価図」の表示記号付き）···············187
付表5／不整形地補正率表··188
付表6／間口狭小補正率表··189
付表7／奥行長大補正率表··189
付表8／がけ地補正率表···190
■都市計画道路予定地補正率表··190

(注)本書は、平成28年6月30日現在の法令・通達等によって作成しています。

> こうなる!!

第Ⅰ編　宅地の評価と道路の関係

　土地の評価を行う場合、道路に関する法令の規定が大きな影響を及ぼします。とりわけ、宅地は、一定の幅で道路に接しなければならないとする"接道義務"の規定が密接に関係してきます。そこで、まず、宅地の評価に影響を及ぼす"接道義務"に関する法律の規定と宅地評価との関係について基本的な事項をまとめてみました。

1. 宅地の評価は、どうする？

> 　宅地の評価については、「財産評価基本通達」に2つの評価方式が定められていますが、いずれの方式による場合でも、その宅地が接する路線に付された価格《路線価》やその宅地が所在する地域ごとに定められた一定の倍率《評価倍率》に基づいて評価します。

(1)　土地は、どのようにして評価するか

① 土地の価額は、どのようにして求めるか

　土地の価額は、地目の別に評価するのを原則とします（評基通7）。

　ただし、一体として利用されている一団の土地が2以上の地目からなる場合には、その一団の土地は、そのうちの主たる地目からなるものとして、その一団の土地ごとに評価します（評基通7ただし書）。

> ○　評価単位を判定するに当たってのポイント
> 　土地の評価上の地目は、登記簿上の地目にかかわらず、課税時期の現況によって判定します（評基通7）。
> 　この地目の判定は、不動産登記事務取扱手続準則第68条《地目》及び第69条《地目の認定》の定めに準じて行います（評基通7(注)）。

　この取扱いの具体的な事例としては、国税庁のホームページに掲げられている「質疑応答事例」（以下、単に「質疑応答事例」といいます。）を挙げることができます。

（国税庁ホームページ「質疑応答事例」より）

> **地目の異なる土地が一体として利用されている場合の評価**
> 【照会要旨】
> 　建物の敷地となっている宅地と、その他の雑種地からなる次の図のようなゴルフ練習場があ

ります。このような土地を評価する場合には、地目ごとに区分し評価するのでしょうか。

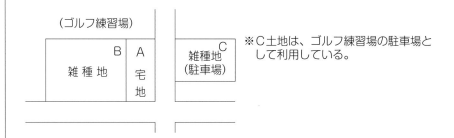

【回答要旨】

　土地の価額は、原則として地目の別に評価しますが、２以上の地目からなる一団の土地が一体として利用されている場合には、その一団の土地はそのうちの主たる地目からなるものとして、その一団の土地ごとに評価します。

　したがって、図のように、Ａ土地及びＢ土地の一団の土地がゴルフ練習場として一体利用されている場合には、その一部に建物があっても建物敷地以外の目的による土地（雑種地）の利用を主としていると認められることから、その全体が雑種地からなるものとして雑種地の評価方法に準じて評価することになります。

　なお、駐車場の用に供されているＣ土地は、不特定多数の者の通行の用に供されている道路によりＡ土地及びＢ土地とは物理的に分離されていますから、これらの土地とは区分して評価します。

（理由）

　土地の価額は、原則として、宅地、田、畑、山林等の地目の別に評価します。これは、課税時期における現況による地目の異なるごとに、価格形成要因が異なると考えられるためです。

　しかし、地目別評価の原則に従うと、大規模な工場用地、ゴルフ練習場用地のように一体として利用されている一団の土地のうちに２以上の地目がある場合にも、その一団の土地をそれぞれ地目ごとに区分して評価することとなりますが、これでは一体として利用されていることによる効用が評価額に反映されないため、実態に即するよう評価を行うこととしています。

【関係法令通達】　財産評価基本通達７

② 一体利用されている一団の土地が２以上の地目からなる場合

　この評基通７のただし書の取扱に関して注意すべき点は、「宅地と農地」又は「宅地と山林（原野）」は、一体として利用されることはないということです。

　したがって、次のような立地条件の土地は、２以上の地目の土地が一団の土地を形成していても、その一団の土地ごとに評価することはありません。

1．宅地の評価は、どうする？　**17**

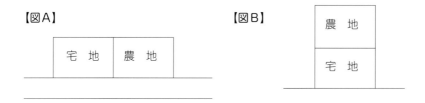

　では、【図B】のように道路から奥に位置する農地は、どのようにして評価するのでしょうか。その評価方法に関しては、次の「質疑応答事例」が参考になります。

　この「質疑応答事例」は、宅地の評価単位の判定上も参考になりますが、道路から奥に位置する土地の評価方法を示した事例です。

（国税庁ホームページ「質疑応答事例」より）

宅地の評価単位－自用地と自用地以外の宅地が連接している場合

【照会要旨】
次のように利用している宅地の評価単位はどのように判定するのでしょうか。

（注）　A土地、B土地とも同一の者が所有し、A土地は自用家屋の敷地として、B土地は左のように利用している1棟の建物の敷地として利用している。

【回答要旨】
　A土地は所有者が自ら使用する他者の権利が存しない土地ですが、B土地は所有者が自ら使用する一方で他人の権利（借家権）も存する土地であり、A、B両土地は利用の単位が異なっているといえますから、別個の評価単位となります。
　なお、これらの土地は次のように評価することになります。
① 　A土地については、通路部分が明確に区分されている場合には、その通路部分も含めたところで不整形地としての評価を行う。
　　通路部分が明確に区分されていない場合には、原則として、接道義務を満たす最小の幅員の通路が設置されている土地（不整形地）として評価するが、この場合には、当該通路部分の面積はA土地には算入しない。また、無道路地としての補正は行わないことに留意する。
② 　B土地については、B土地を一体として評価した価額を、原則として、建物の自用部分と貸付部分との床面積の比により按分し、それぞれ自用部分の価額と貸付部分について貸家建付地としての評価をした価額を算出し、その合計金額をもって評価額とする。

【関係法令通達】　財産評価基本通達7－2

③ 評基通7の「なお書」の定め

評基通7を次に掲げましたが、このうちの「なお書」をご覧ください。

> **評基通7（土地の評価上の区分）**
> 　土地の価額は、次に掲げる地目の別に評価する。ただし、一体として利用されている一団の土地が2以上の地目からなる場合には、その一団の土地は、そのうちの主たる地目からなるものとして、その一団の土地ごとに評価するものとする。
> 　なお、市街化調整区域（都市計画法（昭和43年法律第100号）第7条《区域区分》第3項に規定する「市街化調整区域」をいう。以下同じ。）以外の都市計画区域（同法第4条《定義》第2項に規定する「都市計画区域」をいう。以下同じ。）で市街地的形態を形成する地域において、40《市街地農地の評価》の本文の定めにより評価する市街地農地（40-3《生産緑地の評価》に定める生産緑地を除く。）、40-2《広大な市街地農地等の評価》の本文の定めにより評価する市街地農地（40-3に定める生産緑地を除く。）、49《市街地山林の評価》の本文の定めにより評価する市街地山林、49-2《広大な市街地山林の評価》の本文の定めにより評価する市街地山林、58-3《市街地原野の評価》の本文の定めにより評価する市街地原野、58-4《広大な市街地原野の評価》の本文の定めにより評価する市街地原野又は82《雑種地の評価》の本文の定めにより評価する宅地と状況が類似する雑種地のいずれか2以上の地目の土地が隣接しており、その形状、地積の大小、位置等からみてこれらを一団として評価することが合理的と認められる場合には、その一団の土地ごとに評価するものとする。
> 　地目は、課税時期の現況によって判定する。
> (1)　宅地
> (2)　田
> (3)　畑
> (4)　山林
> (5)　原野
> (6)　牧場
> (7)　池沼
> (8)　削除
> (9)　鉱泉地
> (10)　雑種地
> (注)　地目の判定は、不動産登記事務取扱手続準則（平成17年2月25日付民二第456号法務省民事局長通達）第68条及び第69条に準じて行う。ただし、「(4)山林」には、同準則第68条の「(20)保安林」を含み、また「(10)雑種地」には、同準則第68条の「(12)墓地」から「(23)雑種地」まで（「(20)保安林」を除く。）に掲げるものを含む。

上記なお書部分の具体的な取扱い事例としては、次の「質疑応答事例」を挙げることができます。

(国税庁ホームページ「質疑応答事例」より)

土地の評価単位――地目の異なる土地を一団として評価する場合

【照会要旨】

市街化調整区域以外の都市計画区域で市街地的形態を形成する地域において、市街地農地、市街地山林、市街地原野及び宅地と状況が類似する雑種地のいずれか2以上の地目が隣接している場合で、全体を一団として評価することが合理的と認められる場合とは、具体的にはどのような場合ですか。

【回答要旨】

以下の事例①～④のような場合に、農地、山林及び雑種地の全体を一団として評価することが合理的と認められます。なお、事例⑤のような場合はそれぞれを地目の別に評価します。

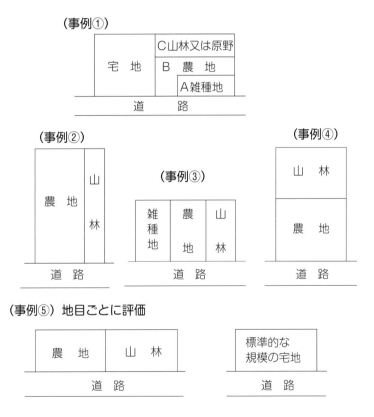

(理由)

宅地化が進展している地域のうちに介在する市街地農地等及び宅地と状況が類似する雑種地が隣接しており、その規模、形状、位置関係等から一団の土地として価格形成がなされるものもあります。また、これらの土地は、近隣の宅地の価額の影響を強く受けるため、原則としていわゆる宅地比準方式により評価することとしており、基本的な評価方法はいずれも同一であることから、地目の別に評価する土地の評価単位の例外として、その形状、地積の大小、位置等からみて一団として評価することが合理的と認められる場合には、その一団の土地ごとに評

価します。

　(事例①) の場合、標準的な宅地規模を考えた場合にはＡ土地は地積が小さく、形状を考えた場合には、Ｂ土地は単独で評価するのではなくＡ土地と合わせて評価するのが妥当と認められます。また、位置を考えた場合には、Ｃ土地は道路に面していない土地となり、単独で評価するのは妥当でないと認められることから、Ａ、Ｂ及びＣ土地全体を一団の土地として評価することが合理的であると認められます。

　(事例②) の場合、山林のみで評価することとすると、形状が間口狭小、奥行長大な土地となり、また、山林部分のみを宅地として利用する場合には、周辺の標準的な宅地と比較した場合に宅地の効用を十分に果たし得ない土地となってしまいます。同様に (事例③) では、各地目の地積が小さいこと、(事例④) では、山林部分が道路に面していないことから、やはり宅地の効用を果たすことができない土地となります。これらのような場合には、土地取引の実情から見ても隣接の地目を含めて一団の土地を構成しているものとみるのが妥当であることから、全体を一団の土地として評価します。

　また、このように全体を一団の土地として評価するときに、その一団の土地がその地域における標準的な宅地の地積に比して著しく広大となる場合には、財産評価基本通達24－4 (広大地の評価)、同40－2 (広大な市街地農地等の評価)、同49－2 (広大な市街地山林の評価) 及び同58－4 (広大な市街地原野の評価) を適用します。

　しかし、(事例⑤) のように農地と山林をそれぞれ別としても、その形状、地積の大小、位置等からみても宅地の効用を果たすと認められる場合には、一団としては評価しません。

【関係法令通達】　財産評価基本通達７

　基本通７の「なお書」の取扱いに関して注意すべき点は、上記に引用した通達にアンダーラインを付した部分の地目には、「宅地」が含まれていないという点です。

　また、このアンダーライン中には、「(40－3《生産緑地の評価》に定める生産緑地を除く。)」とする定めがあります。

　したがって、宅地や生産緑地が、市街地農地や市街地山林と一団の土地を形成していても、その一団の土地ごとに評価することはありません。

　例えば、上記の「質疑応答事例」の (事例①) が、次のような立地条件であれば、Ａ、Ｂ及びＣは、それぞれの地目ごとに評価することになります。

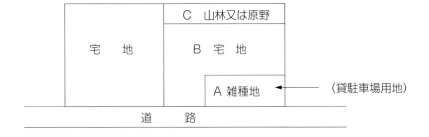

④ 宅地の「評価単位」とは、どのようなものか

　宅地の価額は、「１画地の宅地」ごとに評価します。「１画地の宅地」とは、「利用の単位となっている１区画の宅地」のことです。

　したがって、「１画地の宅地」は、必ずしも１筆（「土地課税台帳」又は「土地補充課税台帳」に登録されている１筆のことです）の宅地とは限りません。２筆以上の宅地を１画地の宅地として利用している場合もありますし、その逆で、１筆の宅地を２画地以上の宅地として利用している場合もあります。

　なお、相続、遺贈又は贈与により取得した宅地については、原則として、その宅地の取得者が取得した宅地ごとに評価の単位を判定することになります。

　ただし、贈与や遺産分割等によって、親族間で宅地の分割が行われた場合で、例えば、分割後の画地が宅地として通常の用途に供することができないなど、その分割が著しく不合理であると認められる場合には、その分割前の画地を「１画地の宅地」として評価した上で、各取得者ごとの面積に応じて按分計算をすることになります（**評基通7-2(1)**）

【「評価単位」の判定に際しての基本的な考え方】

具体的な判定項目	基本的な考え方
① 所有する宅地を自ら使用している場合	居住の用か事業の用かにかかわらず、その全体を1画地とします。
② 所有する宅地の一部に借地権を設定させ、他の部分を自ら使用している場合	それぞれの部分を1画地の宅地として評価します。 一部を貸家の敷地、他の部分を自ら使用している場合も、同様とします。
③ 所有する宅地の一部に借地権を設定させ、他の部分を貸家の敷地の用に供している場合	それぞれの部分を1画地の宅地として評価します。
④ 所有する宅地が複数の者の借地権の目的となっている場合	同一人に貸し付けている部分ごとに1画地の宅地として評価します。
⑤ 所有する宅地を数棟の貸家の敷地の用に供している場合	原則として、各棟の敷地ごとに1画地の宅地として評価します。
⑥ 複数の者から一団の土地を借りて、これを一体として利用している場合	その借主の借地権の評価に当たっては、その全体を1画地の宅地として評価します。 貸主側の貸宅地の評価に当たっては、各貸主が所有する部分ごとに区分して、それぞれを1画地の宅地として評価します。
⑦ 所有する宅地を共同ビルの敷地の用に供している場合	その全体を1画地の宅地として評価します。
⑧-1 所有する宅地の一部を自ら使用し、他の部分を使用貸借により貸し付けている場合	その全体を1画地の宅地として評価します。
⑧-2 所有する宅地に隣接する宅地を使用貸借により借り受け、これらの宅地を一体として利用している場合	所有する土地のみを1画地の宅地として評価します。

【分割後の画地が不合理分割と認められる場合】

①	無道路地や帯状地となる場合
②	著しく狭隘な宅地となる場合
③	現在及び将来においても、分割後の画地が有効な土地利用ができるとは認められない場合

⑤ 連棟式の建物（長屋）の敷地の評価は、どのようにして行うか

連棟式の建物（長屋）であっても、区分所有の対象となる建物で、区分所有建物に係る敷地を（図のA～Dのように）分筆し、当該建物の所有者がそれぞれ単独でその敷地を所有することができるような場合は、それぞれの貸付先ごとに1画地の宅地とします。（税務研究会出版局「相続税・贈与税 土地評価の実務」参照）

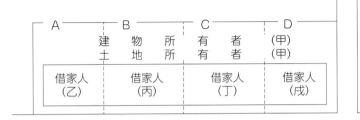

A土地、B土地、C土地、D土地それぞれを1画地の宅地として評価します。

⑥ 宅地の評価は、どのようにして行うか

宅地の評価は、原則として、路線価方式か倍率方式によって行います（評基通11）。

①	路線価方式	評価対象となる宅地が面する路線（不特定多数の者の通行の用に供されている道路をいいます）に付された路線価を基にして評価額を計算する方式で、市街地的形態を形成する地域にある宅地の評価に適用
②	倍率方式	市区町村長が決定した固定資産税評価額に国税局長が定めた一定の倍率を乗じて評価額を計算する方式で、上記①の路線価方式が適用されない地域にある宅地の評価に適用

(2) 「路線価」は、どのようにして決まるのか

路線価方式によって宅地の評価を行う際の「路線価」は、宅地の価額がおおむね同一と認められる一連の宅地が面している路線ごとに設定されます。また、その「路線」とは、「不特定多数の者の通行の用に供されている道路」をいうこととされています。

そして、その路線に接する宅地については、次のすべての項目に該当するものについて売買実例価額、公示価格（地価公示法の規定により公示された標準地の価格をいいます）、不動産鑑定士等による鑑定評価額（不動産鑑定士又は不動産鑑定士補が国税局長の委嘱により鑑定評価した価額をいいます）、精通者意見価格等を基にして国税局長がその路線ごとに評定した1m²当たりの価額を算定することとされています（評基通14）。

① その路線のほぼ中央部にあること
② その一連の宅地に共通している地勢にあること
③ その路線だけに接していること
④ その路線に面している宅地の標準的な間口距離及び奥行距離を有するく形（長方形）^{（注）}又は正方形のものであること

(注) ④の「標準的な間口距離及び奥行距離」には、それぞれ奥行価格補正率及び間口狭小補正率が、いずれも1.00であり、かつ、奥行長大補正率の適用を要しないものが該当します。

■路線価図とその見方

　路線価は、路線（道路）に面する標準的な宅地の1平方メートル当たりの価額（千円単位で表示しています。）のことであり、路線価が定められている地域の土地等を評価する場合に用います。

　路線価図には、下の図のように地価公示地及び標準地の所在地を示す表記もされています。

　なお、路線価が定められていない地域については、その市区町村の「評価倍率表」をご覧ください。

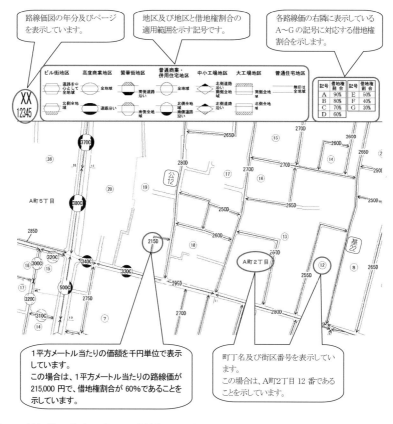

　相続税又は贈与税の申告に際し、路線価の設定されていない道路のみに接している宅地の評価をするために、特定路線価の設定の申出が必要となる場合があります。
　詳しくは、「［手続名］特定路線価設定申出書」をご覧ください。

(3) 路線価方式による評価額は、どのようにして求めるのか

　「路線価」は、路線に面する標準的な画地の1㎡当たりの標準価額で表示されていますので、実際に宅地を評価する場合には、評価する宅地が路線に接している状況や形状などの種々の評価要素を考慮して、その宅地の所在する地区ごとに定められた各種の画地調整を行った後の価額を評価額とします（評基通13）。

　なお、その「路線価」は、各国税局が毎年7月1日に公表する『財産評価基準書』の『路線価図』に記載されています。

> 【コメント】『財産評価基準書』の『路線価図』は、公表と同時に国税庁と各国税局のホームページに登載されますので、インターネットを通じて無料で簡単にダウンロードすることができます。

① 「地区区分」とは？

　路線価方式によって評価する地域（これを「路線価地域」といいます）については、宅地の利用状況がおおむね同一と認められる一定の地域ごとに、各国税局長が次に掲げる地区を定めるものとされ、奥行価格補正率や不整形地補正率などの画地調整率も、この地区（不整形地補正率の場合は、地区及び地積）区分ごとに定められています（評基通14-2、各補正率は、186～190ページの「参考資料／画地調整率一覧表」参照）。

①ビル街地区　②高度商業地区　③繁華街地区　④普通商業地区・併用住宅地区
⑤普通住宅地区　⑥中小工場地区　⑦大工場地区

② 「画地調整」とは？

　路線価方式によって評価する宅地の価額は、その宅地が接する路線（道路）に付された路線価を基にして、その宅地の状況に応じた一定の加算又は減算（これを「画地調整」といいます）を行って評価額を算出します。例えば、一方だけが路線に接する宅地の場合には、路線価にその宅地の奥行距離に応じて定められた「奥行価格補正率」を乗じて画地補正（これを「奥行価格補正」といいます）を行います（評基通15）。

　このような奥行価格補正や側方路線影響加算、二方路線影響加算、三方又は四方路線影響加算、不整形地補正、間口狭小補正、奥行長大補正、がけ地補正などの宅地の形状に応じた一定の補正率を乗じてその宅地の評価額の修正計算を行い、修正後の価額をその宅地の評価額とします（評基通15～20）。

【コメント】「正面路線」の判定

　複数の路線に接する宅地（次表②～⑤の宅地）の「正面路線」は、各路線価にその路線の地区及び奥行距離に応じた奥行価格補正率を乗じて求めた１㎡当たりの価額の高い方の路線とします。

　また、評価する土地の地区又は借地権割合は、「正面路線」に係る地区又は借地権割合とします。

■画地調整による評価額の計算

画地補正の種類	評価額の求め方
① 奥行価格補正 （一方のみが路線に接する宅地）	○　路線価×奥行価格補正率×地積
② 側方路線影響加算 （正面と側方に路線がある宅地。いわゆる「角地」）	イ　正面路線価×奥行価格補正率（１㎡当たり） ロ　側方路線価×奥行価格補正率×側方路線影響加算率（１㎡当たり） ハ　（イ＋ロ）×地積
③ 二方路線影響加算 （正面と裏面に路線がある宅地）	イ　正面路線価×奥行価格補正率（１㎡当たり） ロ　裏面路線価×奥行価格補正率×二方路線影響加算率（１㎡当たり） ハ　（イ＋ロ）×地積
④ 三方路線影響加算 （三方に路線がある宅地）	イ　正面路線価×奥行価格補正率（１㎡当たり） ロ　側方路線価×奥行価格補正率×側方路線影響加算率（１㎡当たり） ハ　他の側方又は裏面路線価×奥行価格補正率×他の側方又は二方路線影響加算率（１㎡当たり） ニ　（イ＋ロ＋ハ）×地積
⑤ 四方路線影響加算 （四方とも路線がある宅地）	イ　正面路線価×奥行価格補正率（１㎡当たり） ロ　裏面路線価×奥行価格補正率×二方路線影響加算率（１㎡当たり） ハ　一方の側方路線価×奥行価格補正率×側方路線影響加算率（１㎡当たり） ニ　他方の側方路線価×奥行価格補正率×側方路線影響加算率（１㎡当たり） ホ　（イ＋ロ＋ハ＋ニ）×地積
⑥ 間口狭小補正 （間口が狭小な宅地。⑦を除く）	○　（路線価×奥行価格補正率）[注]1×間口狭小補正率×地積 （注）1．上記②～⑤の適用がある場合は、適用後の１㎡当たりの価額。 　　　2．「間口距離」の取り方は、28ページの③参照。 　　　3．「間口が狭小な宅地」の評価方法は、84ページ参照。

画地補正の種類	評価額の求め方
⑦ 不整形地補正 （不整形な宅地・三角地）	イ 「想定整形地の地積」の算出 　想定整形地の間口距離×想定整形地の奥行距離＝想定整形地の地積 ロ 「不整形地補正率」の計算 　次のa、bのいずれか低い率（0.6を最小値）とする。 　a　不整形地補正率表を使って評価する場合 　　ⅰ）「かげ地割合」を求める。 　　　（想定整形地の地積－不整形地の地積）÷想定整形地の地積 　　　＝かげ地割合 　　ⅱ）ⅰ）の「かげ地割合」を、上記①の「地区及び地積区分表」 　　　（19ページ）と巻末【参考資料／画地調整率一覧表】の付表5《不 　　　整形地補正率表》に当てはめて「不整形地補正率」を求める。 　　ⅲ）「不整形地補正率表」の補正率×間口狭小補正率＝不整形地 　　　補正率（小数点以下2位未満切捨て） 　b　間口狭小補正率と奥行長大補正率を適用して計算する場合 　　　間口狭小補正率×奥行長大補正率＝不整形地補正率 　　　　　　　　　　　　　　　　　（小数点以下2位未満切捨て） ハ　不整形地補正率適用前の評価対象地の評価額×不整形地補正率（ロ）
⑧ 奥行長大補正 （奥行が長大な宅地）	○（路線価×奥行価格補正率）^{（注）1}×奥行長大補正率×地積 （注）1．上記②〜⑥の適用がある場合は、適用後の1㎡当たりの価額。 　　　2．「奥行長大補正率」は、「奥行距離／間口距離」を基に判定。 　　　3．「奥行が長大な宅地」の評価方法は、84ページ参照。
⑨ がけ地補正 （がけ地等で通常の用途に供することができない宅地）	○（路線価×奥行価格補正率）^{（注）1}×がけ地補正率×地積 （注）1．上記②〜⑧の適用がある場合は、適用後の1㎡当たりの価額。 　　　2．「がけ地補正率」は、「がけ地地積／総地積」及び「がけ地方位」を基に判定。

【コメント】　奥行価格補正率や側方路線影響加算率、二方路線影響加算率、間口狭小補正率、奥行長大補正率、がけ地補正率、不整形地補正率などの宅地の形状に応じた一定の補正率や地積区分表は、巻末の『参考資料／画地調整率一覧表』（186ページ）に掲載しています。

　この『画地調整率表』は、国税庁のホームページからダウンロードできます。

③ 「間口距離」の取り方は？

　間口距離とは、道路（路線）と評価対象地とが接する部分の距離をいいますが、宅地の間口距離の基本的な取り方を例示すると、次の①～④のようになります。

(i) 隅切りのある宅地の場合

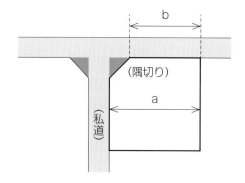

【コメント】
隅切りされた宅地は、「a」が間口距離となります。
なお、私道部分を評価する場合には、隅切りで広がった部分（図の「▰」部分）は、間口距離に含めません。

(ii) 間口が分離されている場合

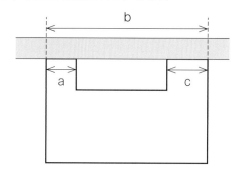

【コメント】
間口が2つに分離されている宅地は、「a＋c」が間口距離となります。

(iii) 道路に斜めに接している場合

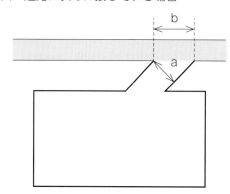

【コメント】
「b」を間口距離としますが、「a」によっても差し支えないとされています。
　（注）　実務上は、「a」が採用されている事例が多いようです。

(iv) 屈折した道路に接している宅地の場合

イ．屈折路の内側に接している不整形な宅地の場合

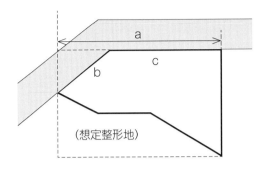

（想定整形地）

【コメント】
想定整形地の間口に相当する距離「a」と屈折路に実際に接している距離「b＋c」のうち、いずれか短い距離「a」が間口距離となります。
＊「想定整形地」については、140ページの(3)を参照。

ロ．屈折路の外側に接している不整形な宅地の場合

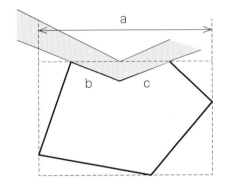

【コメント】
想定整形地の間口に相当する距離「a」と屈折路に実際に接している距離「b＋c」のうち、いずれか短い距離「b＋c」が間口距離となります。

【コメント】 建築基準法に規定する接道義務（40ページ）と財産評価における間口距離は必ずしも同一ではありませんので、注意してください。

(4) 倍率方式による評価額は、どのようにして求めるのか

① 「倍率方式」とは、どんな方式か

「倍率方式」とは、固定資産税評価額〔土地課税台帳若しくは土地補充課税台帳（土地補充課税台帳とみなされるものを含みます）に登録された基準年度の価格又は比準価格をいいます〕に国税局長が一定の地域ごとにその地域の実情に即するように定める倍率を乗じて計算した金額によって評価する方式です（**評基通21、21-2**）。

評価倍率は、路線価が定められていない地域の宅地を評価する場合に用います。

なお、倍率方式で評価する宅地については、路線価方式で評価する場合のような加算項目や減産項目はありません。ただし、財産評価基本通達24-4《広大地の評価》の(2)《その広大地が倍率地域に所在する場合》に定める「倍率地域に所在する広大地」を評価する場合は、これとは評価の方法が異なります（109ページ参照）。

「固定資産税評価額」は、固定資産税の税額計算の基礎となる「課税標準額」ではなく、地

方税法381条の規定によって土地課税台帳若しくは土地補充課税台帳（仮換地等の場合に土地補充課税台帳とみなされるものに登録されたものを含みます）に登録された基準年度の価格又は比準価格です。

　この「固定資産税評価額」は、市町村役場の固定資産税課（評価係）で「固定資産税評価証明書」を発行してもらうか、『固定資産課税台帳』を閲覧させてもらえばわかります。この『固定資産課税台帳』は、通常、毎年4月1日から「4月20日」又は「その年度の最初の納期限の日」までの縦覧期間に閲覧することができます。

　また、固定資産税評価額に乗じる「倍率」は、税務署にある『財産評価基準書』の「評価倍率表」を見ればわかります。この『財産評価基準書』の「評価倍率表」は、「路線価」と同様、国税庁（又は各国税局）のホームページから簡単に入手することができます。

> 【コメント】宅地の「相続税評価額」と「固定資産税評価額」
>
> 　宅地の場合、「相続税評価額」の評定基準日は、当年の1月1日で正常価格の80％程度の価格水準で評定されますが、「固定資産税評価額」の評定基準日は、前年の1月1日で、正常価格の70％程度の価格水準で評定されます。
> 　（注）　ここでいう「正常価格」とは、毎年3月下旬に国土交通省が公表する「地価公示価格」と
> 　　　　同水準の価格のことです。
> 　したがって、平成27年分の相続税評価額と平成28年度の固定資産税評価額の評定基準日（平成27年1月1日）は一致し、その価格比は、原則として、「8：7」となり、評定基準日以後に地価に変動がない場合は、この価格比も「8：7」のままですから、平成28年分の評価倍率は、「1.1倍」程度（8÷7≒1.14）となります。
> 　なお、「相続税評価額」は、毎年改訂されますが、「固定資産税評価額」は、平成27年度、平成30年度、平成33年度と、3年に1回（3の倍数年度）の改訂です。
> 　もっとも、地価の下落期においては、下方修正が行われるように措置されています。

資料の収集方法　この「地価公示価格」は、インターネットで、標準地・基準地検索システム「国土交通省地価公示・都道府県地価調査」又は『地価公示・地価調査マップ』（全国地価マップサービス）を利用すれば、無料で基準地の地価公示価格と地価上昇率などを、簡単に入手することができます（31～35ページ参照）。

② 「倍率方式」による評価額の計算は、どうするか

　倍率方式によって評価する宅地の評価額は、次の算式によって求めます。

固定資産税評価額 × 宅地の倍率 ＝ 相続税評価額

【コメント】「当年分の相続税評価額」の概数値の算定方法

　路線価や評価倍率は、例年7月1日に公表されますが、地価公示価格が公表される3月下旬には、次の算式により、「当年分の相続税評価額」の概数値を算定することができます。

《算式》

前年分の相続税評価額 × (状況が類似する近隣の当年の地価公示価格 / 状況が類似する近隣の前年の地価公示価格) ＝ 当年分の相続税評価額（概数値）

■『土地総合情報システム』地価公示・地価調査・取引価格情報（国土交通省）　（その1）

(http://www.land.mlit.go.jp/webland/)

　『土地総合情報システム』は、全国の不動産の取引価格・地価公示・都道府県地価公示の価格を、WEBサイト上で検索できるように国土交通省が開発した不動産価格の検索システムです。

　このシステムは、信頼できる公的機関の不動産価格情報として、多くの方々に利用されています。

■国土交通省地価公示・都道府県地価調査（http://www.land.mlit.go.jp/landPrice/AriaSevlet?MOD=2&TYP=0）

（その２）

検索地域選択（都道府県）

地図上でご希望の都道府県名を1つ選択してください。さらに、市区町村名を1つ選択して検索ができます。

　▶ 複数の地域を選択して検索したい場合は　　　　→ 複数検索地域選択へ
　▶ 詳細な地名を入力して検索したい場合は　　　　→ 検索地域指定（地名入力）へ
　　！土地総合情報システムでは、詳細～大字の縮尺の地図で地価公示・都道府県地価調査の地点が
　　　地図上でご確認できます。　　　　　　　　→ 土地総合情報システムへ

※都道府県内の全件を検索したい場合は、「都道府県単位で検索」にチェックをいれて、ご希望の都道府県名を一つ選択してください。
　☐ 都道府県単位で検索（都道府県地価調査の林地を検索したい場合は必ずチェックをいれてください。）

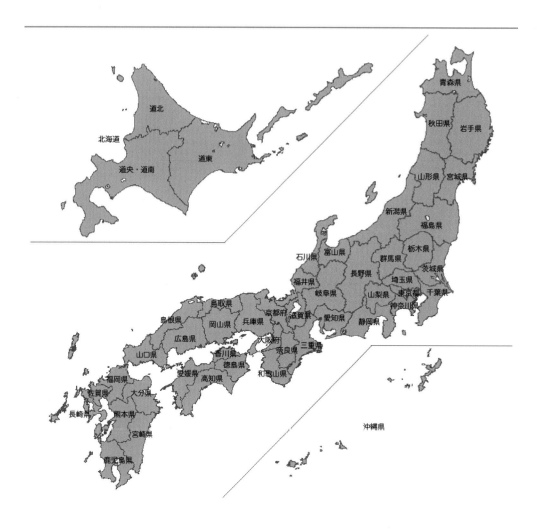

■国土交通省地価公示・都道府県地価調査　　　　　　　　　　　　　　　　　（その３）

国土交通省地価公示　　　　　　　　　　　　　　　　　　　　　　　　　　　　　詳細を閉じる

標準地番号	大阪中央5-26	調査基準日	平成28年1月1日
所在及び地番	大阪府大阪市中央区南船場３丁目３８番５　地図で確認する		
住居表示	南船場３－６－２５		
価格(円/m²)	903,000(円/m²)	交通施設、距離	心斎橋、300m
地積(m²)	358(m²)	形状（間口：奥行き）	(1.0:4.0)
利用区分、構造	建物などの敷地、RC（鉄筋コンクリート造）8F		
利用現況	店舗兼事務所	給排水等状況	ガス　・　水道　・　下水
周辺の土地の利用現況	中高層の店舗兼事務所ビルが多い商業地域		
前面道路の状況	北　7.8m　市道	その他の接面道路	
用途区分、高度地区、防火・準防火	商業地域、防火地域	建ぺい率（％）、容積率（％）	80(%) 600(%)
都市計画区域区分	市街化区域		
森林法、公園法、自然環境等			
鑑定評価書	詳細表示		

■不動産取引価格情報検索　　　　　　　　　　　　　　　　　　　　　　　　　（土地総合情報システム）

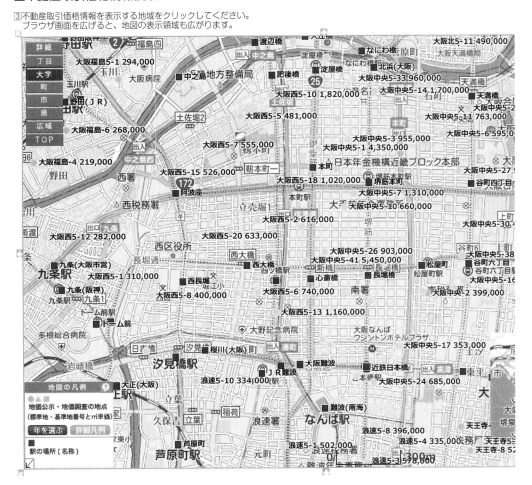

■地価公示・地価調査マップ（民間調査機関による情報）

WEBサイトでの不動産価格の検索システムは、国土交通省の検索システムだけでなく、有料・無料の情報がネット上で閲覧できます。

よく閲覧されているものとしては、『全国地価マップ』（一般財団法人資産評価システム研究センター。ブルーマップなど会員限定の公開情報があります）や『日本全国の地価マップ』（「Googleマップ」と称されています）などがあります。

●全国地価マップ（http://www.chikamap.jp/）

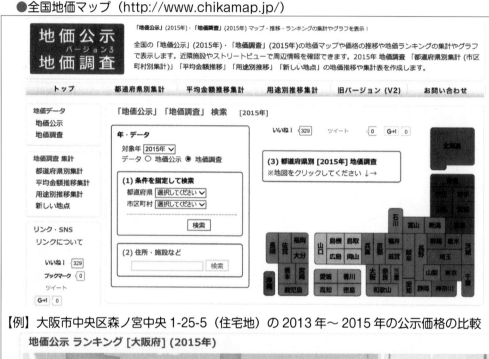

【例】大阪市中央区森ノ宮中央1-25-5（住宅地）の2013年〜2015年の公示価格の比較

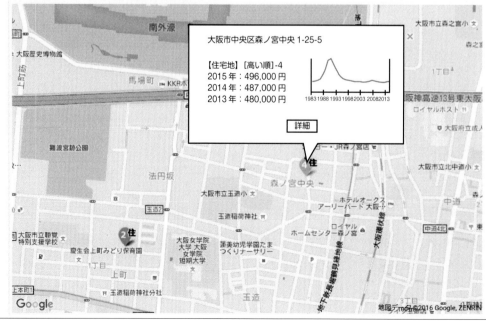

1．宅地の評価は、どうする？　**35**

●日本全国の地価マップ（Google マップ）　　（http://www.db-map.com/ztika/a.html）

（その１）

上記地図上の検索地点をクリックし、拡大していくと、検索地点の地価が地図上に表示されます。

東京都の地価 Google マップ版　　　　　　　　　　　　　　　　　　　　　　　　（その２）

2．財産評価上の道路と建築基準法などの道路は、どこがどう違う？

(1) 財産評価上の「道路」の範囲とは？

　財産評価基本通達には、「建築基準法42条2項に規定する道路」とか、「都市計画法4条6項に規定する都市計画施設のうちの道路の予定地」とか、「道路に接しない宅地」といった表現はありますが、「道路」自体についての具体的な説明がありません。

　路線とは、「不特定多数の者の通行の用に供されている道路をいう」と定められているだけです。公道、私道の区分や道路法、建築基準法、都市計画法に規定する道路との関連性についても、特に定めはありません。

　したがって、財産評価基本通達上は、路線価の付されている道路が必ずしも公道とは限らず、私道である場合もあります。また、道路法や建築基準法に規定する道路に該当することを要件としていませんし、都市計画法の規定による規制についても触れていません。

　しかしながら次ページの、「特定路線価設定申出書の提出チェックシート」によれば、特定路線価は、原則として「建築基準法の道路等」に設定することとされています。

(2) 建築基準法や都市計画法による建築制限や開発規制で宅地の評価は、どうなるか

　建築基準法や都市計画法の規定があるために財産評価上は宅地とされても、その宅地には建物が建てられなかったり、建築制限や開発規制が設けられたりしています。

　したがって、路線価そのものは、これらの法律によって規制を受ける訳ではありませんが、これらの法律が定める様々な制約によって、現実には、宅地の有効活用が制約されたり、宅地の評価額に大きな影響を及ぼすこともあります。

　また、接している道路に路線価は付されていても、建築基準法上の道路に該当しない道路である場合には、実際の利用状況等を勘案して評価する方が妥当な場合もありますので、宅地の評価を行う場合には、必ず、現地確認を行うことが大切です。

2．財産評価上の道路と建築基準法などの道路は、どこがどう違う？ **37**

特定路線価設定申出書の提出チェックシート

申出者氏名（フリガナ）：

「特定路線価設定申出書」を提出する場合には、次の事項のチェックをお願いします（原則として、「はい」が全て☑となった方のみ提出できます。）。

1 特定路線価の設定を必要とする年分の路線価は公開されていますか。
　□ はい　／　いいえ → 路線価の公開前に提出された場合には、路線価が公開された後の回答になります。

2 特定路線価の設定を必要とする理由は、相続税又は贈与税の申告のためのものですか。
　□ はい　／　いいえ → 相続税又は贈与税の申告以外の目的のためには、特定路線価を設定できません。

3 評価する土地等は、「路線価方式」により評価する地域（路線価地域）内にありますか。
　※ 財産評価基準書（路線価図・評価倍率表）で確認できます。
　□ はい　／　いいえ → 「倍率方式」により評価する地域内にある土地等は、固定資産税評価額に所定の倍率を乗じて評価します。

4 評価する土地等は、路線価の設定されていない道路のみに接している土地等ですか。
　□ はい　／　いいえ → 原則として、既存の路線価を基に画地調整等を行って評価します。
　例えば、下図の場合、評価対象地が路線価の設定されている道路に接しているので、その路線価を基に評価します。
　なお、評価方法など不明な点につきましては、相続税又は贈与税の納税地を管轄する税務署にご相談下さい。
　相談の結果、「特定路線価設定申出書」を提出していただく場合もあります。

5 特定路線価を設定したい道路は、評価する土地等の利用者以外の人も利用する道路ですか。
　□ はい

6 特定路線価を設定したい道路は、建物の建築が可能な道路ですか。
　※ 都県又は市町村の部署（建築指導課等）で確認できます。
　□ はい

★ 特定路線価は、原則として「建築基準法上の道路等」に設定しています。
「建築基準法上の道路等」とは、
① 「建築基準法第42条第1項1号～5号又は第2項」に規定する道路
② 「建築基準法第43条第1項ただし書」に規定する道路
をいいます。

納税地を管轄する税務署に「特定路線価設定申出書」を提出してください。
※ 納税地は、相続税の場合は被相続人の住所地、贈与税の場合は受贈者の住所地となります。

※ 「特定路線価設定申出書」の提出時にこのチェックシートも併せて提出してください。
※ 財産評価基準書（路線価図・評価倍率表）は国税庁ホームページ【www.rosenka.nta.go.jp】で確認できます。
※ 通常、回答までに1か月程度の期間を要します。
※ このチェックシートについての不明な点につきましては、特定路線価を設定する土地等の所在する地域の評定担当署の評価専門官（裏面参照）にご相談下さい。

（国税庁ホームページより）

3．宅地の評価で問題になる道路とは？

⑴ 道路に2m以上接していなければ、建物は建てられないか

建築基準法では、建築物の敷地は「道路に2m以上接していなければならない」とされています。逆にいうと、2m以上道路に接していないと、建物は建てられないということです（建築基準法43①）。

ただし、その敷地の周囲に広い空地を有する建築物その他の国土交通省令で定める一定の基準に適合する建築物で、特定行政庁が交通上、安全上、防火上及び衛生上支障がないと認めて建築審査会の同意を得て建築を許可したものについては、この制限はありません。

（注） 条例による接道義務の制限規定の例については、51ページの【参考】を参照。

⑵ 宅地の評価で問題になるのは、どんな道路か

建築基準法42条では、道路の種類と道路の幅員について次表のように規定しています。このうち、宅地の評価に関連して問題になるのは、1項4号《計画道路》（公道）、1項5号《位置指定道路》（公道・私道）、2項《みなし道路又は指定道路》（公道・私道）、3項《3項道路》（公道・私道）の四つの規定です（建築基準法42）。

■建築基準法42条に規定する道路の種類

法令	一般呼称 （所有区分）	L（幅員）6m区域外	L（幅員）6m区域内	内　容 （　）内の数値は6m指定区域内での値
1項1号	1号道路 （公道）	4m≦L	6m≦L	道路法による道路 【実例】国道・都府県道・市町村道（認定道路）・高速自動車国道（建築物の建築不可）
1項2号	2号道路 （公道）			都市計画法・土地区画整理法・都市再開発法等による道路 【実例】市街化区域内で行われる開発行為（宅地造成・マンション建設等）で、都市計画法の開発許可を受けて築造されるもの
1項3号	既存道路 （公道・私道）			建築基準法施行の際に現に存していた道路 【実例】建築基準法施行（S25.11.23）の際に現に存していた幅員4m（6m）以上のもので、現に一般交通の用に供しているもの（建物・側溝・舗装の有無は関係なし）
1項4号	計画道路 （公道）			都市計画法・土地区画整理法・都市再開発法等で2年以内に事業が行われるものとして特定行政庁が指定したもの（工事の進行状況等は関係なし）

法令	一般呼称 （所有区分）	L（幅員）		内　容 （　）内の数値は６ｍ指定区域内での値
		６ｍ区域外	６ｍ区域内	
１項５号	位置指定 道路 （公道・私道）	4m≦L	6m≦L	特定行政庁が位置指定した４ｍ（６ｍ）以上の道路（完成後、特定行政庁に移管される場合が多い） 【実例】宅地造成と併行して造られた道路（特定行政庁ごとに指定基準がある）
２項	２項道路 《みなし道路・指定道路》 （公道・私道）	L＜4m	L＜4m (L＜6m)	建築基準法施行の際に現に建築物が立ち並んでいる幅員４ｍ（６ｍ）未満の道で、特定行政庁が指定したもの 〔その中心線から２ｍ（３ｍ。ただし、避難・安全上支障がない場合は２ｍ）の線を道路境界線とみなす。ただし、片側ががけ地などの場合は、がけ地から４ｍ（６ｍ）の線〕 【実例】建物の建替・増改築等を行う場合に、建築線の後退（いわゆるセットバック）が必要
３項	３項道路 （公道・私道）	2.7m≦L ＜4m	2.7m≦L ＜6m	土地の状況により将来的に拡張困難な２項道路の境界線の位置を中心線より1.35ｍ以上２ｍ（３ｍ）未満に緩和を指定したもの。ただし、がけ地などは2.7ｍ以上４ｍ（６ｍ）未満とする。
４項	４項道路 （公道・私道）	―	L＜6m (1号・2号道路の場合 4m≦L)	６ｍ区域内の特定行政庁が認めた道で、下記各号の一に該当するものとして指定したもの １号：周囲の状況により、避難・通行の安全上支障がないと認められた道 ２号：地区計画等により定められ、築造された道 ３号：６ｍの区域指定時に現に道路とされていた道
５項	５項道路 （公道・私道）	―	L＜4m	６ｍ区域指定の際に現に存していた道（４項３号）で、幅員４ｍ未満の道は指定時に境界線とみなされていた線を境界線とする。
６項	６項道路 （公道・私道）	L＜1.8m	―	建築審査会の同意を得た、幅員1.8ｍ未満の道路は２項道路 【実例】古い城下町などで民家が両側に立ち込んでいるようなところ

（注１）「特定行政庁」とは、建築主事を置く市町村の区域については、当該市町村の長をいい、その他の市町村の区域については、都道府県知事をいいます。特定行政庁の職務には、法による許可・認可・指定・違反建築物の是正命令などがあります。

（注２）Ｌ（幅員）の「６ｍ区域内」とは、６ｍ道路指定区域内のことをいい、特定行政庁が必要であると認めた場合に、都市計画地方審議会の同意を得て、前面道路を６ｍ以上の区域として指定した場合のことです。この区域内においては原則として幅員６ｍ以上が道路として取り扱われることになります。

4. 『接道義務』を満たす・満たさないの判定は、どうする？

> 建築基準法では、建築物の敷地は道路に2m以上接していなければならないと規定されていますが、その接し方については、法文上、明文規定は設けられていません。
> 敷地が「道路に2m以上接する」とは、連続して2m以上なのか。あるいは、接している部分が合計して2m以上であればよいのか。それとも、道路に接する地点で2mあればよいのか、といったことが問題になります。

(1) 建築基準法では道路への接し方を、どのように規制しているのか

ここでは、『接道義務』を満たす場合と満たさない場合の判定の仕方や、接道義務を満たさない場合には、どのような条件をクリアすれば接道義務を満たすことになるのかを検討してみます。

また、宅地に接する側溝がある場合、その側溝は敷地部分とみるか道路部分とみるかの問題や、道路幅員を算定する場合、道路の中心線はどのようにして求めるのか、また農道（里道）のみに接する宅地には、建物を建てられるかといった問題を検討してみます。

① 接道義務を満たす場合とは？

次図の二つの事例に該当するような場合には、その宅地が2m以上（府県の条例等により4m以上の接道義務が必要とされているような場合は、その数値）道路に接する部分が確保されていれば、接道義務を満たすことになります。

【図Ⅰ-4-1】

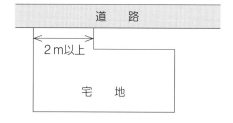

【図Ⅰ-4-2】

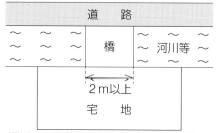

＊河川の水路敷等に橋を架ける場合には、その河川等を管理する河川管理者の許可が必要です。

② 接道義務を満たさない場合とは？

接道義務を満たさない事例としては、【図Ⅰ-4-3】～【図Ⅰ-4-6】が該当します。これらの例示から判断すると、建築基準法の解釈としては、道路と敷地との接続は、敷地が有効幅で道路に2m以上接していなければならないといえます。

【図Ⅰ-4-3】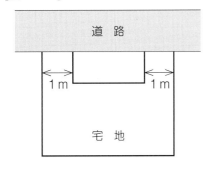

【図Ⅰ-4-4】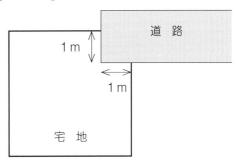

【図Ⅰ-4-5】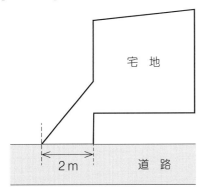

【図Ⅰ-4-6】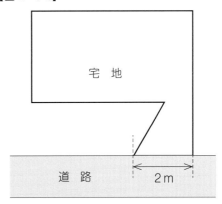

③ 接道義務を満たす宅地とするには、どうすればよいか

現状では、建築基準法43条《敷地等と道路の関係》の接道義務を満たさない宅地であっても、適合条件に合致するように変更された場合には、接道義務を満たす宅地として取り扱われます。

具体的な事例を掲げると、次のようになります（改訂６版「建築基準法及び同大阪府条例質疑応答集」大阪府内特定行政庁連絡協議会 監修）。

> 【図の符号】L＝2m 以上で、接道義務を満たす幅。
> ただし、Lは建築基準法43条（府県の条例等により２ｍ以上必要な場合は、その数値）の接道の長さとする。
> a＝長い径、b＝短い径

【図Ⅰ-4-7】

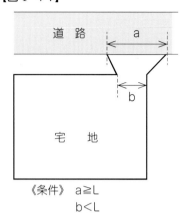

《条件》　$a \geq L$
　　　　$b < L$

【コメント】

「$a \geq L$」は接道義務を満たしていますが、「$b < L$」のため、接道義務を満たしていません。

《適合条件》

「$b \geq L$」とすれば、接道義務を満たすことになります。

【図Ⅰ-4-8】

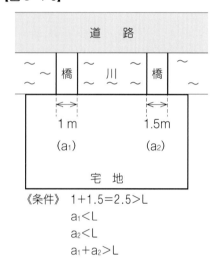

《条件》　$1 + 1.5 = 2.5 > L$
　　　　$a_1 < L$
　　　　$a_2 < L$
　　　　$a_1 + a_2 > L$

【コメント】

「$a_1 + a_2 = 2.5m > L$」でありますが、a_1、a_2とも単独では「L未満」であるため、接道義務を満たしていないことになります。

《適合条件》

橋の幅a_1又はa_2のいずれかをL以上とするか、a_1とa_2の橋を接続させて一つの橋とすれば、接道義務を満たすことになります。

【図Ⅰ-4-9】

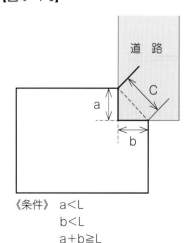

《条件》　$a < L$
　　　　$b < L$
　　　　$a + b \geq L$

【コメント】

「$a + b \geq L$」でありますが、a、bがいずれも「L未満」であるため、接道義務を満たしていないことになります。

《適合条件》

「C(有効幅)$\geq L$」であれば、接道義務を満たすことになります。

(2) 道路幅員は、どのようにして確認するか

道路幅員を確認する場合には、建築基準法上の「道路幅員」《38ページの表参照》とは、どこからどこまでをいうのかが問題になります。

「道路幅員」の確認は、その道路を管理している市町村役場の道路管理課に、確認したい場所の道路地図を示せば、口頭で教えてもらえます。

この道路幅員は、都市計画道路予定地の評価をする上での容積率（基準容積率）にも関係します（74ページ参照）。また、道路幅員が4m未満である場合には、セットバックが必要になりますので、注意を要します。

① 「道路幅員」とは、どこからどこまでをいうのか

建築基準法には、「道路幅員」についての明確な規定は置かれていませんが、建築基準法の取扱いにおいては、通常、「側溝を含むが、法敷（道路両側の斜面）は含まない」こととされています（昭27.1.12 住指発第1280号 鳥取県土木部長宛建設省住宅局建築指導課長回答）。

【参考図】

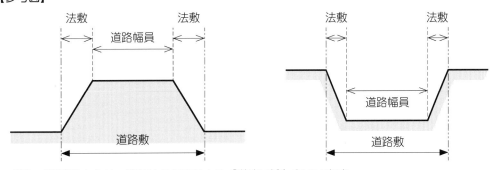

（注）「道路敷」とは、道路法の規定による「道路区域」をいいます。

② 「側溝」は、道路に含まれるか

道路幅員を算定する場合、側溝については、側溝の内法で測るのか外法で測るのかが問題になります。

これについては、下水道整備前と整備後でその取扱いが異なります。下水道整備前のものは、側溝の内法で測定することとされていましたが、下水道整備後のものは、道路側溝はすべて道路内に設けて管理するように改められているため、側溝の外法から測定することとされています（「宅地開発等指導要綱に関する措置方針」昭58.8.2 建設省計民発第54号建設事務次官から各知事宛通達）。

ただし、『民有図』の幅員寸法を採用している市町村（例えば、大阪市や豊中市など）もあります。このような場合には、雨水溝の流水面の部分までが宅地とされていますので、宅地の境界確認を行う場合には、市町村役場の道路管理課又は建築指導課（担当部署の名称は、自治体によって区々なので、受付で確認します）で、事前に確認をしておく必要があります（44ペー

ジの【コメント】及び62ページの【参考図】参照)。

【参考図】 側溝と道路幅員・道路敷（ある市町村の例）

① 下水道整備前の道路幅員と道路敷

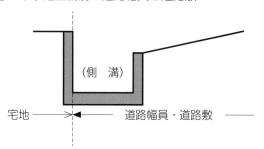

② 下水道整備後の道路幅員と道路敷

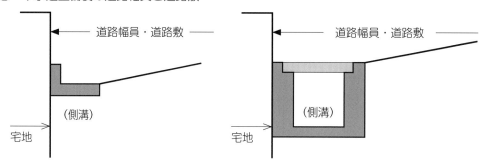

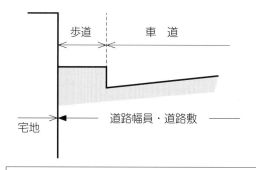

【コメント】 例えば、大阪市や豊中市のように『民有図』（大阪法務局に委託保管されている）によっている場合は、雨水溝の流水面の部分までが宅地とされているという事例もありますので、各特定行政庁で境界確認を行っておく必要があります。

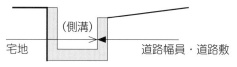

③ 「道路の中心線」は、どのようにして決めるのか

　道路法などの道路管理に関する法律の規定に基づいて道路管理者が管理している道路の場合は、通常、『道路（幅員）台帳』などに道路の中心線が明示されていますので、都道府県又は市町村の道路（測量）明示担当課で確認することができます。

　ところが、2項道路や私道の場合は、道路の中心線が明示されていない場合が多いようです。道路の中心線が確認できない場合は、道路明示の申立てを行い、対側地の宅地所有者を含む関係者の立会いのもとに、まず、民有地と官有地との境界確認を行った後、実測によって道路の中心線を確定させることになります。

【参考1】　道路の中心線のとり方

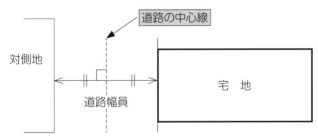

【参考2】　門や塀がある場合とない場合の中心線のとり方の違い

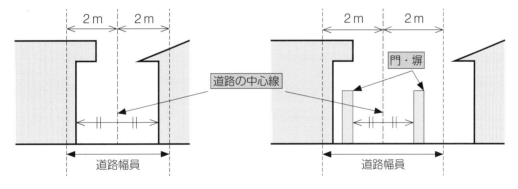

【コメント】
　道路の中心線であることが『道路(幅員)台帳』に明示されている場合や道路上に目印等が付されていて中心線明示が行われている場合には、その明示されている位置が道路の中心線となります。
　なお、道路の中心線が不明な場合は、対側地の宅地所有者を含めた関係者間の話合いによって確定させるのが原則とされています。その場合、門や塀がない場合には、道路を挟む両サイドの宅地間の距離の中点を道路の中心線とし、門や塀がある場合には、道路の両サイドにある門又は塀間の距離の中点を道路の中心線として、接道義務を満たすための後退距離を測定します。

(3) 農道(里道)にも、接道義務の規制が適用されるか

　農道(里道)は、道路管理に関する法律の規定によって管理されていない認定外の道路ですから、その用途は道であっても道路ではなく、土地として管理されています。したがって、農道(里道)は、建築基準法の適用を受ける道路ではありませんので、農道(里道)のみに接している土地には、原則として、建物を建てることはできません。
　ただし、【参考図】①のような事例の場合には、建物を建てることができるとされていますので、現地の状況を確認した上、特定行政庁の担当課で建築の可能性や適合条件を満たす方法などの確認を行う必要があります。

【参考図】　農道(里道)の取扱い
① 　道路に平行して里道があり、かつ、高低差がない場合

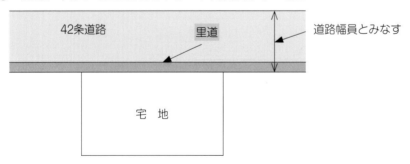

【コメント】　道路に平行して里道があり、かつ、高低差が特にない場合は、里道も含めて道路として扱うことができます。
　したがって、この宅地には、建物を建てることができます(「改訂6版／建築基準法及び同大阪府条例質疑応答集」(大阪府内建築行政連絡協議会ホームページ)参照)。

② 里道によって敷地が分断されている場合

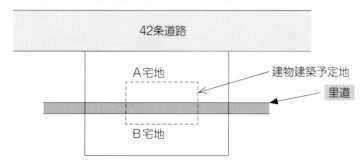

（注）「里道」に接する宅地の評価については、133〜135ページの『Q＆A』を参照してください。

【コメント】
　「一の建築物又は用途上不可分の関係にある一団の土地」（建築基準法施行令１一）が建築物の敷地であると規定されていますので、この事例の場合、現状では里道の奥にあるＢ宅地は接道義務を満たしていないことになり、建物を建てることができません。
　また、評価単位としては、理論的には、里道を除いたところでＡ宅地、Ｂ宅地の２画地として評価することになります。
《適合条件》　里道の払下申請（時効取得が可能な場合(注)は、時効取得）をして、１画地の宅地とすれば、接道義務を満たすことになり、里道をまたいで建物を建てることが可能になります。
　なお、里道は、道路として機能を果たしているにもかかわらず、明治９年の太政官通達により、国、県、里道の制度のうち旧道路法によって路線の認定がされずに、そのまま残っていたもので、道路法によって管理されていない道路、いわゆる認定外道路のことをいいます。
　平成12年４月１日施行の「地方分権の推進を図るための関係法律の整備等に関する法律（通称：地方分権一括法）」に基づき、その機能を有するすべての法定外公共物は、平成17年３月31日までに地元自治体へ無償で譲渡され、機能を喪失している旧法定外公共物については、平成17年４月以降は国（財務局・財務事務所）が管理・売払いを行っています。
　　（注）１．地方分権一括法には、同法独自の条項はなく、475の法令について一部改正又は廃止を定めた改正法です。
　　　　　２．公共用財産である里道（公図上の赤線記載のある農道）や水路（公図上の青線記載のある水路）については、長年の間、事実上、公の目的に供されることなく放置されており、外観を全く喪失していて、それを維持すべき理由がないと認められる場合には、黙示的な公用廃止があったものとして、公的財産の取得時効の成立を認めた事案や判例もあります（最高裁昭42．6．9判決、東京地裁昭60．9．25判決、東京地裁昭63．8．25判決）。
　　　　　　　したがって、実務における評価単位の認定に際しては、上記に掲げる理論的な取扱いとの整合性にも配慮して、慎重に行う必要があります。
　　　　　３．詳細については、133ページを参照してください。

【参考】敷地が水路で分断されている場合の取扱い

　敷地が「里道」ではなく、下図のように「水路」によって分断されている場合は、「里道」と異なった取扱いになります。では、その敷地内に建物を建てる場合は、どうすればよいのでしょうか。

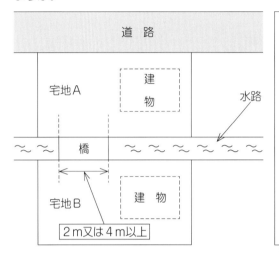

【コメント】
図のように、水路で敷地が分断されている２以上の宅地については、関係法令に基づく占用許可を受けたうえ、その水路上に幅員２ｍ（条例等による規定がある場合は、その数値）以上の橋を設ければ、一の敷地として取り扱われます。
ただし、この敷地面積には、占用部分であっても、その水路部分の面積は含めないことになっています。

（注）　上記の取扱いについては、改訂第６版「建築基準法及び同大阪府条例質疑応答集　その１」（大阪府内建築行政連絡協議会作成ホームページ）に掲載されています。

5．道路や宅地の利用制限は、どこで確認するか

　路線価の付されている道路が必ずしも公道とは限らず、私道である場合や建築基準法上の道路に該当しない場合もありますが、基本的には、このような要因は既に路線価には織込み済であると考えられます。

　しかし、実際の利用状況を確認したときに、まったく利用できない道路に路線価が付されていたり、細い私道に隣接する広い公道と同価格の路線価が付されていたり、建築基準法上、建物が建築できない道路であるのに路線価が付されていたりする場合も、多々見受けられます。このようなケースは、4m未満の私道に多く見られます。

　このような場合には、事前に所轄税務署の評価担当者に個別状況を説明した上で、その宅地の評価について、妥当な評価方法を確認する必要があります。

①　認定道路か認定外道路かは、どこで確認するか

　土地の所在する市区町村役場の道路管理課（認定係、明示係、計画道路係など。呼称は、市町村によって異なります）において、道路法上の道路認定を受けているか否か（公道か私道か）を確認することができます。

　認定道路（公道）であれば、道路名と認定幅員(注)、道路明示を確認することもできます（認定道路でない場合は、原則として私道ということです）。

　なお、その宅地の道路の両サイドの明示が確定していれば、道路幅員も明確に把握できます。

（注）「認定幅員」は、『道路（幅員）台帳』に明確に表示されている場合もありますが、認定道路の始点から終点までの幅員を○○m〜○○mとおおまかに表示されているだけの場合もあります。

> 【コメント】
> 　建築基準法には、「認定道路」という用語はありませんが、道路法において、都道府県道とは、「都道府県知事が当該都道府県の区域内に存する部分につき、その路線を認定したもの」をいい、市町村道とは、「市町村の区域内に存する道路で、市町村長がその路線を認定したもの」をいうと規定されています（**道路法7、8条**）。
> 　したがって、「認定道路」とは、この道路法によって路線の認定を受けた「都道府県道」又は「市町村道」を指す一般的な呼称と言えます。

②　建築制限の有無等は、どこで確認するか

　土地の所在する市区町村役場の建築指導課において、建築基準法上の道路（該当するか否か）の確認と、その場合の建築規制についても確認することができます。

> 例　建築基準法42条2項道路の確認（その場合のセットバック距離）
> 　　建築基準法42条1項4号の計画道路の建築規制
> 　　建築基準法42条1項5号の位置指定道路の確認

　また、建築基準法上の道路に該当しない場合の判定手続や、接道義務を満たしていない場合に行う、「建築基準法43条1項ただし書」の許可申請手続についても確認することができます。

> 【参考】《建築基準法43条1項ただし書》
> 　ただし、その敷地の周囲に広い空地を有する建築物その他の国土交通省令で定める一定の基準に適合する建築物で、特定行政庁が交通上、安全上、防火上及び衛生上支障がないと認めて建築審査会の同意を得て建築を許可したものについては、この限りでない。

③　都市計画道路予定地の有無は、どこで確認するか

　都市計画道路予定地の区域内となる部分を有する宅地の価額は、その宅地のうちの都市計画道路予定地の区域内となる部分が、都市計画道路予定地の区域内となる部分でないものとした場合の価額に、その宅地が所在する地域の地区区分別の容積率及び地積割合の別に応じて定められた一定の補正率を乗じて、その宅地の評価額を減額することができます。

　評価すべき宅地が、このような都市計画道路予定地の区域内となる部分を有する宅地であるかどうかは、その市区町村役場のホームページや地図情報提供システムを利用して確認することができます。その結果、都市計画道路予定地の区域内に存する宅地であることがわかった場合には、該当する市区町村役場の都市計画課又は建築指導課に『都市計画道路明示申請書』を提出し、『都市計画道路明示指令書』と都市計画道路予定地の区域を朱線で示した『図面』を交付してもらいます。

④　条例による接道義務の制限規定の有無は、どこで確認するか

　接道義務に関する制限規定としては、建築される建物の用途や規模等の状況により、避難及び通行の安全上支障があると認められる場合には、地方公共団体が条例による制限を付すことができることとされていますので、条例による接道義務の制限の有無についても、該当する市町村の担当課で確認しておく必要があります。

【コメント】インターネット上の『地図情報提供システム』を効率的に利用する!!
　建築基準法や道路法などの道路規制の情報や都市計画予定地域などの確認用資料は、インターネット上の地図情報サービスシステムや都市計画情報提供サービスシステムなどの検索システムを利用すれば、かなりの資料を簡単に入手することができます。
　これらの資料は、都道府県や市町村のホームページや、有料ですが民間の検索システム業者を利用すれば、大半のものは揃えることができます。

【参考】　条例による「建物の敷地が路地状部分だけで道路に接する場合の接道義務」
　都市計画区域内において、建築物の敷地が路地状部分のみによって道路に接する場合の、その敷地の路地状部分の通路幅《幅員》は、路地状部分の長さに応じて、都道府県が条例で定める一定の数値以上としなければならないとされています。
　その一例を掲げると、以下のとおりです。ただし、建物の配置、用途及び構造、建物の周囲の空き地の状況その他土地及び周囲の状況により、都道府県知事が安全上支障がないと認める場合には、この制限規定は適用されません。
（注）財産評価通達上は、既存建物が存在する場合にのみ適用されます。

(1)　東京都建築安全条例による接道義務

建物の種類		総床面積	敷地の路地状部分の長さ	通路幅
住宅、長屋、事務所、小規模の飲食店等	耐火建築物及び準耐火建築物	200㎡以下	20m以下	2m以上
			20m超	3m以上
	耐火建築物及び準耐火建築物以外の建築物	200㎡超	20m以下	3m以上
			20m超	4m以上
大規模建築物		1,000㎡超 2,000㎡以下		6m以上
		2,000㎡超 3,000㎡以下		8m以上
		3,000㎡超		10m以上

(2)　大阪府建築基準法施行条例による接道義務

建物の種類	通路幅
一般住宅	2m以上
学校、病院、ホテル等（大阪府建築基準法施行条例第7条に規定する特殊建築物）	4m以上

(3) 京都府建築基準法施行条例による接道義務

敷地の路地状部分の長さ	通路幅
20m以内	2m以上
20m以上35m以内	3m以上
35m超	4m以上

（注）ただし、増築、改築、大規模の修繕又は大規模の模様替えをする場合は、適用されません。

(4) 滋賀県建築基準条例による接道義務

敷　地	通路幅等
特殊建築物の敷地	4m以上
特殊建築物の敷地が路地状部分のみで道路に接する場合	路地状部分の幅員が4m以上で、かつ、その奥行が20m以下であるもの 　又は 路地状部分の幅員が6m以上あるもの

（注）ただし、奥行については、特定行政庁が特殊建築物の用途、構造、規模及び周囲の状況により安全上支障がないと認めたときは、この制限規定は適用されません。

6．利用制限のある宅地の評価は、どうするか

① 接道状況で宅地の利用が制限される場合は、どうするか

　宅地の接する道路の状況がどのようなものであるかによって、その宅地の利用が大きく制限されることがあります。したがって、このような制約を受ける宅地については、相続税の財産評価においても、様々な軽減策が講じられています。

　特に、次のような宅地については、それぞれ評価の軽減措置が講じられていますので、実務上、注意が必要です。

接道の状況		評価の取扱い
① みなし道路（建築基準法42条2項）に面している宅地		宅地のセットバック部分に評価減の適用がある（64ページ参照）
② 都市計画道路予定地（建築基準法42条1項4号）の区域内にある宅地		宅地のうち都市計画道路予定地部分に評価減の適用がある（71ページ参照）
③ 接道義務を満たしていない宅地		道路に2m以上接していない宅地について評価減の適用がある（89ページ参照）
④ 建築基準法上の道路に該当しない道路にのみ面する土地	(i) 路線価が付されている場合	その路線価がどのような根拠により付設されたのかを担当部署で確認し、次の(ii)の場合における評価額との権衡をも考慮して評価することにつき、当該担当部署で事前に協議をするべきかと考えられます。
	(ii) 路線価が付されていない場合	国税庁及び各国税局が作成している『特定路線価設定申出書の提出チェックシート』には、「特定路線価は、原則として「建築基準法の道路等」に設定しています。」と記載されています（37ページ参照）。 　これは、「建築基準法上の道路に面していない土地には建物を建築することができないので、そのような道路には路線価を設定しない」という趣旨であると考えられます。 　この場合に、税務署の窓口においては、特定路線価を設定しない道路にのみに面している土地は、最寄りの公道に設定されている路線価を基に、路地状（当該路線価を設定しない道路）部分を有する土地として、不整形地補正率を適用して評価をするように指導がなされています。

| | | この方法によると、大きな不整形地補正率が算出されますので、評価額が大幅に減算されますが、たとえ評価額が減算されたとしても、依然として建物を建築することができない土地であることに変わりはありませんから、さらに無道路地（接道義務を満たしていない宅地を含みます。評基通20－2（注）1参照）としての補正をすることになります。 |

【コメント】「特定路線価の設定申請」を行う場合には、まず、土地の所在する市区町村役場の道路課（認定係、明示係、計画道路係など）で事前確認を行い、道路法上の認定道路か認定外道路かの確認を行います。次に、これらのことが判明した段階で、税務署長宛に特定路線価の設定申請を行います。

　なお、その場合、『特定路線価設定申出書』の別紙「その他（参考事項）」欄に「特定路線価設定申出対象道路は、建築基準法42条2項に規定する道路に該当する」旨を記載しておくとよいでしょう（78ページ記載例参照）。

② 法令で宅地の利用が制限される場合は、どうするか

　宅地の利用を制限する法律は、枚挙に暇がないほど数多くあります。しかしながら、財産評価基本通達の規定等を援用しつつ作成される『財産評価基準書』に織り込まれている法規制は少なく、その他の法規制については、納税者自らが把握しなければなりません。

【コメント】　例えば、大阪国税局作成の『財産評価基準書』に織り込まれている法規制は、次に掲げる程度で、その他の法規制は織り込まれていません。
　① 都市計画法に基づく「市街化区域・市街化調整区域」、古都保存法（「古都における歴史的風土の保存に関する特別措置法」及び「明日香村における歴史的風土の保存及び生活環境の整備等に関する特別措置法」）に基づく「歴史的風土特別保存地区」
　② 土地区画整理事業法に基づく「土地区画整理事業施行地区（個別評価）」
　③ 農業振興地域の整備に関する法律に基づく「農用地区域」

　『財産評価基準書』に織り込まれている法規制が少ない事由はいろいろありますが、地方公共団体が指定する文化財建造物のように文化財保護条例などの法規制の内容が地方公共団体によって区々であったり、重要文化財埋蔵物包蔵地のように埋蔵物自体の存在の有無が不明である場合など、個々の事例ごとに判断しなければならないものが余りにも多いためといえます。

　文化財保護法で指定されている「重要文化財」や「登録有形文化財」などのように個々の建造物ごとの指定であったり、「重要伝統的建造物群保存地区」などのように一定の地域が指定さ

れていて、納税者自身がその建造物あるいはその指定地域で生活しているような場合には、法規制のあることを熟知しているので、その内容を把握することは、さほど難しくありません。

しかし、こういった規制以外の場合には、法規制の存在を把握すること自体容易ではありません。そこで、こういった場合には、市町村の開発指導課などで法規制の有無を確認した上で、その規制法の担当課（教育委員会、都市計画課、街路課、公園緑地課、緑地保全課、農政課、産業課など）を教えてもらって、具体的な法規制の内容や規制の範囲を確認する必要があります。

宅地評価において、このような法規制の有無について特に事前確認を要すると思われる事例を列挙すると、次のようなものがあります。

【宅地評価において特に事前確認を要する事例】

①　都市計画道路などの都市計画施設の予定地（評基通24-7）
②　セットバックを要する宅地（評基通24-6）
③　船場建築線（東横堀川、西横堀川、長堀川及び土佐堀川で囲まれる地域における建築基準法附則第5項）に基づく位置指定道路（大阪国税局で定めた個別事例）
④　文化財建造物である家屋の敷地に供されている宅地（評基通24-8）
⑤　土地区画整理事業施行中の宅地（評基通24-2）
⑥　高圧架空電線下の宅地（区分地上権に準ずる地役権設定宅地）（評基通27-5）
⑦　急傾斜地・崩壊危険区域内の宅地（市町村長の行う「所要の補正」）
⑧　高速道路・鉄軌道等高架線下の複合利用に係る地上阻害物のある宅地
　　（評基通27-4、市町村長の行う「所要の補正」）
⑨　地下鉄・公共下水道等の地下阻害物上にある宅地
　　（評基通27-4、市町村長の行う「所要の補正」）
⑩　航空法規制地（市町村長が行う「所要の補正」）
⑪　容積率の異なる2以上の地域にわたる宅地（評基通20-5）
⑫　農業用施設用地（評基通24-5）
⑬　土壌汚染地の評価・市街化調整区域内の雑種地の評価
　　（H16.7.5資産評価企画官情報第3号）

（注）　市町村長は、宅地の状況に応じて必要があるときは、固定資産評価基準の『画地計算法』の附表等について、「所要の補正」をして、これを適用できることとされています。

③ 住環境保全のための利用制限を設けた道路に接する宅地の評価は、どうするか

> 良好な住環境保全等のための措置を施した道路は、連続性や系統性の観点から見て街路条件としては劣るものの、住宅地としては良好な住環境が維持されることから、宅地評価の観点からはプラス要因となり、宅地評価上は減額要因とはならないとされています。

住環境保全のために車両の通行ができないように車止めのある道路を敷設したり、文教地区の学校周辺の道路を一方通行として、車両の通行規制を行う等の措置を講じている地域や、一般車両の通過道路とならないように、直線道路としないで三叉路道にして開発する住宅地があります。

こういった規制のある道路に面した宅地の評価は、道路としての連続性・系統性の観点からすれば街路条件が劣るものの、住宅地としては良好な住環境を維持するうえでプラス要因となるため、評価上の減額は行いません。

その理由は、「路線価」は道路の価値を反映した価格ではなく、道路に面した土地の価値を反映した価格を付しているからです。

したがって、このような宅地(例えば、次ページの「**事例1/車止めを設けた道路に接する宅地**」や「**事例2/三叉路道にして開発した宅地**」)に接する路線価は、近傍類地の路線価とあまり格差のない価格が付されることになります。

6．利用制限のある宅地の評価は、どうするか

事例1 車止めを設けた道路に接する宅地

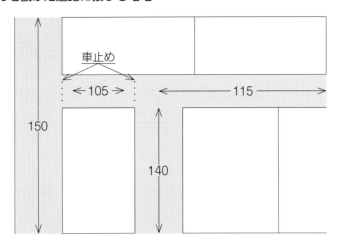

事例2 三叉路道にして開発した宅地（兵庫県芦屋市六麓荘町）

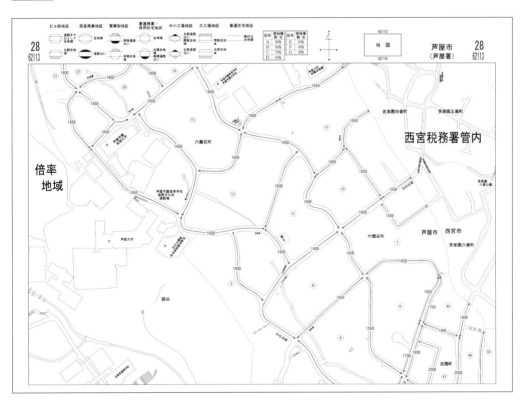

【コメント】不適切な路線価が付されていると思われる場合は、どうするか

　上記の**事例**と異なり、近傍類地との価格バランスが崩れているなど、不適切な路線価が付されていると思われるような場合には、相続税の申告期限までに、所轄税務署の評価担当特別調査官又は評価専門官と相談し、価格の確認を行ってください。

　なお、税務署の土地評価に関する所轄範囲は広域運営とされているため、他署の土地評価事務も所掌していますので、事前に所轄署の確認をしておくとよいでしょう。

7. 利用価値の著しく低下している宅地の評価は、どうするか

　普通住宅地区にある宅地で、その付近にある他の宅地の利用状況から見て、その宅地の利用価値が著しく低下していると認められる場合には、利用価値が低下していると認められる部分の面積に対応する価額の10％相当額を控除して評価することができます。

　ただし、その路線価又は倍率が、利用価値の著しく低下している状況を考慮して付されている場合には、10％相当額を控除して評価することはできません。

　また、宅地比準方式によって評価する農地又は山林を宅地に転用する場合に、造成費用を投下しても、なおその宅地としての利用価値が著しく低下していると認められる部分があるものについても、この取扱いが適用できるとされています（国税庁「タックスアンサー（財産の評価）No.4617」）。

(1) 「利用価値の著しく低下している宅地」とは、どんな宅地か

　普通住宅地区にある宅地で、その付近にある他の宅地の利用状況から見て、その宅地の利用価値が著しく低下していると認められる宅地とは、次のような宅地が該当します。

① 道路より高い位置にある宅地又は低い位置にある宅地で、その付近にある宅地に比べて著しく高低差のあるもの（164ページの「疑問点検討」参照）
② 地盤に甚だしい凹凸のある宅地
③ 震動の甚だしい宅地
④ 上記①から③までの宅地以外の宅地で、騒音、日照阻害（建築基準法56条の2≪日影による中高層の建築物の高さ制限≫に定める日影時間を超える時間の日照阻害のあるものとします）、臭気、忌み等により、その取引金額に影響を受けると認められるもの

　上記④の「臭気、忌み等」とは、養鶏場、汚水処理場、ごみ焼却場、墓地、火葬場などが該当します。また、自治省税務局の取扱いでは、「日照阻害のある土地」は、2割を限度として減額できるとされ（昭50．10．15自治省税務局固定資産税課長内かん）、新幹線・高速道路等による騒音や震動等に起因してその価格が低下している宅地についても、他の地域と区分して路線価を付設し、又は他の地域と区分して状況類似地区として、これらの影響を路線価等に織り込むことができるとされています（昭50.10.15自治固第98号、自治省税務局固定資産税課長通知）。

【実務における評価上の留意事項】

　上記①～④の評価額の減額措置の例示は、あくまでも、その近隣の宅地に比べて、その利用価値が「著しく低下している宅地」に限定されていますので、その判定には、十分注意する必要があります。

　ただ、上記の例示は、単なる例示と考えられますので、たとえ、これら以外の要因であっても、評価対象宅地の利用状況が明らかに近隣の宅地に比べて著しく利用価値が低下していると認められる場合には、この減額措置の適用を受けることが可能であろうと考えられます。

　したがって、この減額措置の適用が可能と考えられる場合には、所轄税務署（広域運営のため、所轄税務署が他の税務署となる場合がありますので、事前確認が必要です）で、評価対象宅地について、この減額措置が織り込まれているか否かを確認し、織り込まれていない場合には、利用価値が著しく低下している事由を実証できる資料を整備したうえで、減額措置の適用の有無を確認する必要があるでしょう。

　ただし、鉄道沿線の宅地や高速道路沿いの宅地などに付されている路線価や固定資産評価額には、騒音や震動による宅地としての利用価値の低下は、既に織込み済であると考えられます。このような場合には、新たに、この減額措置の適用を受けることはできません。

(2) 利用価値の著しく低下している宅地の評価は、どうするか

　普通住宅地区にある宅地で、その利用価値が付近にある他の宅地の利用状況から見て、著しく低下していると認められる宅地の価額は、その宅地の利用価値が低下していないものとして評価した場合の価額から、利用価値が低下していると認められる部分の面積に対応する価額の10%相当額を控除して評価することができます。

| 利用価値の著しく低下している宅地の評価額 | ＝ | その宅地の利用価値が低下していないものとして評価した場合のその宅地の評価額 | － | その宅地の利用価値が低下していると認められる部分の面積に対応する評価額 | × | 10% |

第Ⅱ編　道路で変わる宅地の評価

　次のような宅地の評価を行う場合には、第Ⅰ編で述べたとおり、敷地が一定の幅で道路に接しなければならないとする"接道義務"の規定が密接に関連してきます。

■宅地評価で、"接道義務"の規定が密接に関連する宅地

① セットバックが必要な宅地（建物の建替え時に一定の道路敷きを提供しなければならない宅地）を評価する場合
② 都市計画道路予定地内の宅地（建築制限のある宅地）を評価する場合
③ 特定路線価の設定を要する宅地（路線価の設定されていない道路にのみ接している宅地であるため、その宅地を評価するための路線価を設定しなければならない宅地）を評価する場合
④ 接する路線の判定を要する宅地（2以上の道路に面する宅地や、2以上の地区が異なる道路に接する宅地）を評価する場合
⑤ 道路に接する間口距離が小さい宅地や奥行が長大な宅地を評価する場合
⑥ 無道路地（道路に接していない宅地や接道義務を満たしていない宅地）を評価する場合
⑦ 私道を評価する場合
⑧ 広大地に該当する宅地（その地域の標準的な宅地と比べて著しく広大な宅地で、開発行為を行う場合には道路等の公共公益的施設用地の負担が必要な宅地）を評価する場合

　そこで、第Ⅱ編では、これらに該当する宅地は、どのように評価すればよいかをまとめてみました。

1. セットバックが必要な宅地の評価は、どうするか

　都市計画区域内にある建築基準法42条2項の道路に面する宅地に建物を建てる場合には、道路幅員が4m（又は6m）以上の道路に2m（又は3m）以上接していなければならないとされています。

　したがって、現に建物が建っている幅員4m（又は6m）未満の道路については、新たに建物を建てる場合には、その中心線から左右に水平距離2m（又は3m）の線までをその道路の境界線とみなすこととされますので、将来、建物の建替え等を行う場合には、その境界線まで後退して道路敷きを提供しなければなりません。

　このような、将来、道路敷として提供しなければならない部分（これを「セットバック部分」といいます）の宅地の評価額は、セットバック部分以外の宅地の価額に比べて減価することになりますので、通常の宅地としての評価額の3割相当額で評価されます。

(1) どうして「セットバック」が必要になるのか

① 道路幅が4m（又は6m）未満でも建物が建っているのは、どうして？

　昭和25年に建築基準法が制定され、道路の幅員は最低4m（平成4年以後、特定行政庁が指定する区域内においては、6m）とされましたが、同法42条2項に救済措置が設けられ、建築基準法施行（昭和25年11月23日）の際又はその区域が都市計画区域に指定された際に、現に建築物が立ち並んでいる幅員4m未満の道路で、特定行政庁（市町村長又は都道府県知事）が指定したものは、建築基準法上の道路《2項道路》とみなすこと《みなし道路》とされました。

　そして、この2項道路《みなし道路》に面する宅地については、将来、建築物の建替え等（増築、改築、大規模の修繕及び大規模の模様替えを含みます）を行う場合には、その宅地の接する道路の中心線から左右に水平距離で2m（平成4年以後、特定行政庁が指定する区域内においては、3m）ずつ後退した線が道路の境界線とみなされ、その境界線まで後退《セットバック》した部分までの敷地を、道路敷きとして提供しなければならないこととされています（【図Ⅱ-1-1】）。

（注）中心線からの後退距離は条例で加重されているケースがありますので注意が必要です。

【図Ⅱ-1-1】 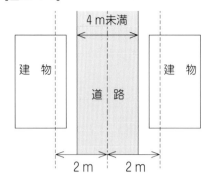 【図Ⅱ-1-2】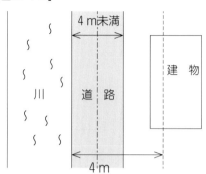

```
-・-・-・-・-・-・-・-；道路中心線
-------------；道路境界線
```

（注）特定行政庁指定区域は、原則として、2mは3mに、4mは6mに加重される。

② 道路の中心線から2m未満のところで川やがけ地、線路敷地などに接している場合は？

道路の中心線から水平距離2m未満のところで川やがけ地、線路敷地などに接している場合は、【図Ⅱ-1-1】のような方法では道路幅員4mを確保できないため、川などのある側の道路境界線から道路側に4m後退した線をその道路境界線とみなすこととされています（【図Ⅱ-1-2】）。

さらに、どうしても中心線からの水平距離2mの後退距離が取れない特別の事情がある場合には、中心線から2m未満1.35m以上の範囲内の後退距離でよいこととされています。

> 《参考》 建築基準法第42条《道路の定義》第2項
> この章の規定が適用されるに至った際現に建築物が立ち並んでいる幅員4m未満の道で、特定行政庁の指定したものは、前項の規定にかかわらず、同項の道路とみなし、その中心線からの水平距離2m（前項の規定により指定された区域内においては、3m（特定行政庁が周囲の状況により避難及び通行の安全上支障がないと認める場合は、2m）。以下この項及び次項において同じ。）の線をその道路の境界線とみなす。ただし、当該道がその中心線からの水平距離2m未満でがけ地、川、線路敷地その他これらに類するものに沿う場合においては、当該がけ地等の道の側の境界線及びその境界線から道の側に水平距離4mをその道路の境界線とみなす。

【参考図】反対側に水路がある場合の後退

4m未満の前面道路の敷地の反対側に水路がある場合の建築基準法42条2項道路の取扱いは、次によるとされています（『建築基準法解釈・取扱集（第4版）』（2006.4）大阪府豊中市）

イ．道の中心線から水路側に2mいった距離が、水路に入った場合は、水路と道の境界から敷地側に4mの一方後退とします。

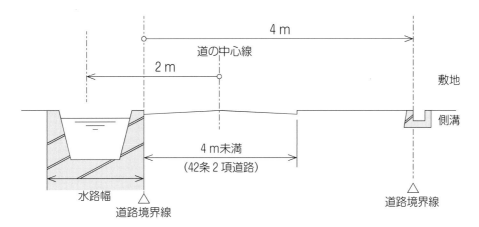

ロ．道の中心線から水路側に2mいった距離が、水路を越える場合は、道の中心線から敷地側に2mの後退とします。

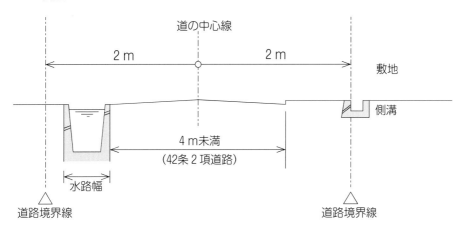

⑵ セットバックを要する道路に該当するか否かの確認は、どうするか

　まず、その宅地に接する道路（公道、私道を問わず）が、建築基準法42条2項に規定するセットバックを要する道路に指定されているかどうかを、次の手順で確認します。

■セットバックを要する道路か否かの確認手順

> *手順1* その宅地の所在する市区町村役場の道路課(認定係、明示係など)で、道路法上の道路認定(公道か私道か)を受けているか否かを確認します。
>
> *手順2* 認定道路であれば、道路名と認定幅員を確認します(認定道路でない場合は、原則として、私道ということです)。中心線の明示があれば実際のセットバック距離の計算が容易になりますので、同時に確認しておきます。
> 　＊「認定幅員の確認」方法等については、43ページ(第Ⅰ編4の(2)《道路幅員は、どのようにして確認するか》を参照。
>
> *手順3* 手順2で確認した内容等(認定道路、私道、道路明示、現況幅員)を基に、各市区町村の建築指導課で建築基準法42条2項の道路に該当するか否かの確認を行います。該当すれば、セットバック距離についても確認します。

(3) セットバックを要する宅地の道路確認をする場合の留意点は、なにか

　上記(2)の建築基準法42条2項に規定するセットバックを要する道路確認は、各市区町村の建築指導課で行いますが、その対応が市区町村ごとに区々だという問題がありますし、現況の道路幅員が4m未満の道路というだけで、単純に建築基準法42条2項の「みなし道路」として指定されている訳でもありません。しかも、調査時点で道路明示がない場合は、建築基準法42条2項に規定する道路であるか否かの確認に大変な時間と労力を要する場合があります。

　このような場合には、まず道路明示の申請を行いますが、その明示確定後に、その道路の過去からの経緯等を総合的に勘案して建築基準法42条2項の道路の判定がなされることもありますので、早めの対応が必要です。

(4) セットバックが必要な宅地の評価は、どうするか

> **財産評価基本通達24-6 《セットバックを必要とする宅地の評価》**
>
> 　建築基準法第42条第2項に規定する道路に面しており、将来、建物の建替え時等に同法の規定に基づき道路敷きとして提供しなければならない部分を有する宅地の価額は、その宅地について道路敷きとして提供する必要がないとした場合の価額から、その価額に次の算式により計算した割合を乗じて計算した金額を控除した価額によって評価する。
>
> 　ただし、その宅地を24-4《広大地の評価》(1)又は(2)により計算した金額によって評価する場合には、本項の定めを適用しないものとする。
>
> 　(算式)
>
> $$\frac{将来、建物の建替え時等に道路敷きとして提供しなければならない部分の地積}{宅地の総地積} \times 0.7$$

通常、セットバックの対象となる部分の宅地については、現在の利用には特に支障がない場合であっても、セットバックの対象となっていない宅地に比べて財産的価値が減少することになりますので、将来、道路敷きとして提供しなければならない部分に対応する価額の70％相当額を控除することとし、その価値の割合を3割とする評価額の減額措置が設けられています。

$$\text{セットバックのある宅地の価額} = \text{自用地の価額}^* - \text{自用地の価額}^* \times \frac{\text{セットバック部分の面積}}{\text{その宅地の総面積}} \times 0.7$$

＊セットバックがないものとした場合の通常の評価額

ただし、その宅地が広大地（97ページ参照）に該当する場合には、平成16年6月4日の財産評価基本通達の改正により、平成16年1月1日以後の相続税等の財産評価においては、セットバックを必要とする宅地の減額措置と広大地評価の減額措置との重複適用はできないことになりました（152ページ参照）。

【コメント】特定の地域に指定された建築線によるセットバック（建築基準法附則5項。例えば、大阪市中央区の「船場建築線」）や特殊な状況下にある地域については、それぞれの後退距離や評価の減額措置が異なる場合がありますので、所轄税務署で確認する必要があります。

【設 例】 セットバックのある宅地の評価額の求め方

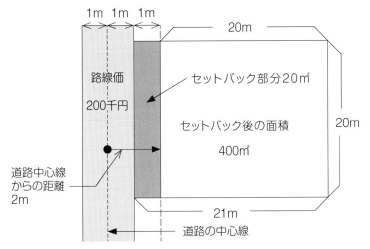

【計 算】 セットバックのある宅地の価額

$(200千円 \times 420㎡) - (200千円 \times 420㎡) \times \left(\frac{20㎡}{420㎡} \times 0.7\right) = \underline{81,200千円}$

(5) セットバックが終了した宅地のセットバック部分の評価は、どうなるか

セットバックが終了した宅地のセットバック部分の評価は、所有権を有している場合であっても、建築基準法上の道路であり、建物等を建築することができませんので、私道として評価し、私道でないものとして計算した価額の30％相当額で評価します（122ページ参照）。

ただし、セットバック部分を含めた道路が不特定多数の者の通行の用に供されている場合には、そのセットバック部分は、評価しないことになります。

セットバック完了部分の利用状況	評価方法
① 特定の者のみの通行の用に供されている場合	▶ 私道として評価《3割評価》
② 不特定多数の者の通行の用に供されている場合	▶ 評価しない　《零評価》

(6) 宅地以外でセットバックが必要になるのは、どんな場合か

宅地以外の土地であっても、宅地として使用する場合にはセットバックをすることが建築許可の条件とされます。したがって、次に掲げる土地に建物を建てようとする場合にも、セットバックが必要になります。

> ① 市街地農地に建物を建てる場合
> ② 市街地山林に建物を建てる場合

このような土地の場合には、まず、その土地を通常の評価方法によって評価した場合の評価額を算出します。次に、その評価額をその土地の自用地の価額として、セットバックのある宅地の評価額の計算式に当てはめて、セットバック後の宅地として使用するその土地の評価額を求めます。

① セットバックを必要とする「市街地農地の評価」は、どうするか

ⅰ）「市街地農地」とは？

「市街地農地」とは、次に掲げる農地のうちのいずれかに該当するものをいいます。

> イ．農地法4条又は5条に規定する農地の転用許可を受けた農地
> ロ．都市計画法7条2項に規定する市街化区域内にある農地
> ハ．農地法の規定により転用許可を要しない農地として都道府県知事の指定を受けた農地

ⅱ）「市街地農地」の評価方法は？

「市街地農地」は、宅地比準方式によって評価します。ただし、その農地の固定資産税評価額に乗ずべき一定の倍率が定められている地域内にある市街地農地の場合は、倍率方式によって評価します。（もっとも、この方法によって適正な価額を算定するのは困難であるため、この倍率を定めている例は、ほとんどないものと考えられます）

（注）市街地農地の評価単位については、18ページ以下を参照。

評価方法	計算式
宅地比準方式	(その農地が宅地であるとした場合の1㎡当たりの価額 − 1㎡当たりの造成費) × 市街地農地の地積
倍率方式	固定資産税評価額 × 倍率 × 地積 （注）宅地比準方式によって評価されたその農地の固定資産税評価額に倍率を乗じて評価する方式です。

（注）「広大な市街地農地の評価」については、111ページ参照。

【コメント】

● 「その農地が宅地であるとした場合の1㎡当たりの価額」は、次の算式で求めます。

　❶ その農地が路線価地域以外の地域にある場合

　　市区町村の固定資産税課でその農地の『固定資産税評価証明書』の発行申請をする際、「状況が類似する近傍宅地1㎡当たりの評価額」を記載してもらい、その評価額を基にして計算します。

$$\text{状況が類似する近傍宅地1㎡当たりの評価額}\left(\text{近傍標準宅地1㎡当たりの価額} \times \text{近傍標準宅地と評価対象地との位置、形状等の条件差に基づき計算される較差割合}\right) \times \text{宅地の倍率} - \text{1㎡当たりの造成費}$$

　❷ その農地が路線価地域にある場合

$$\text{その農地が宅地であるとして路線価方式により評価した1㎡当たりの価額}(\text{25ページの「画地調整」参照}) - \text{1㎡当たりの造成費}$$

● 「1㎡当たりの造成費」は、『財産評価基準書』に記載されています。

ⅲ) セットバックを必要とする「市街地農地」の評価方法は？

セットバックを必要とする市街地農地の評価額は、次の算式によって求めます。

イ．その農地が路線価地域以外の地域にある場合

　❶ まず、次の算式で「セットバックを必要とする市街地農地が宅地であるとした場合の1㎡当たりの価額」を求めます。

$$\text{状況が類似する近傍宅地1㎡当たりの価額}\left(\text{近傍標準宅地1㎡当たりの価額} \times \text{較差割合}\right) \times \text{宅地の倍率} \times \left(1 - \frac{\text{セットバック部分の面積}}{\text{市街地農地の総面積}} \times 0.7\right) - \text{1㎡当たりの造成費}$$

❷ 次に、「セットバックを必要とする市街地農地の価額」を求めます。

$$\boxed{\text{上記❶の「セットバックを必要とする市街地農地が宅地であるとした場合の1㎡当たりの価額」}} \times \boxed{\text{市街地農地の地積}}$$

ロ．その市街地農地が路線価地域にある場合

❶ まず、次の算式で「セットバックを必要とする市街地農地が宅地であるとした場合の1㎡当たりの価額」を求めます。

$$\boxed{\begin{array}{l}\text{その農地が宅地であるとして路線価}\\\text{方式により評価した1㎡当たりの価}\\\text{額（25ページの「画地調整」参照）}\end{array}} \times \left(1 - \dfrac{\text{セットバック部分の面積}}{\text{市街地農地の総面積}} \times 0.7\right) - \boxed{\begin{array}{l}1㎡当\\たりの\\造成費\end{array}}$$

❷ 次に、「セットバックを必要とする市街地農地の価額」を求めます。

$$\boxed{\text{上記❶の「セットバックを必要とする市街地農地が宅地であるとした場合の1㎡当たりの価額」}} \times \boxed{\text{市街地農地の地積}}$$

② セットバックを必要とする「市街地山林の評価」は、どうするか

ⅰ）「山林」の区分とその評価方法

市街地山林の価額は、宅地比準方式又は倍率方式（この方式による例がほとんどないことは、上記①のⅱ）の市街地農地の場合と同じです。）によって評価します。

区　分	評価方法	計　算　式
市街地山林	倍率方式【例外】	【原則】　固定資産税評価額×倍率 【台帳面積と異なり縄延びがある場合】 　　固定資産税評価額 × $\dfrac{\text{実際の地積}}{\text{台帳面積}}$ × 倍率
	宅地比準方式【原則】	$\left(\begin{array}{l}\text{その山林が宅地で}\\\text{あるとした場合の}\\\text{1㎡当たりの価額}\end{array} - \begin{array}{l}1㎡当\\たりの\\造成費\end{array}\right)$ × 地積

（注）　1．「広大な市街地山林の評価」については、111ページ参照。
　　　　2．市街地山林の評価単位については、18ページ以下を参照。

【コメント】
● 「その山林が宅地であるとした場合の1㎡当たりの価額」は、上記①の「市街地農地」の取扱いと同じです。

ⅱ) セットバックを必要とする「市街地山林」の評価方法

セットバックを必要とする市街地山林の評価額は、次の算式によって求めます。

イ．その山林が路線価地域以外の地域にある場合

❶ まず、次の算式で「セットバックを必要とする市街地山林が宅地であるとした場合の1㎡当たりの価額」を求めます。

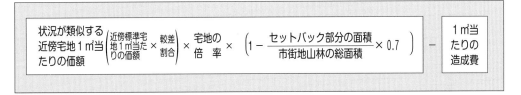

❷ 次に、「セットバックを必要とする市街地山林の価額」を求めます。

| 上記❶の「セットバックを必要とする市街地山林が宅地であるとした場合の1㎡当たりの価額」 | × | 市街地山林の地積 |

ロ．その市街地山林が路線価地域にある場合

❶ まず、次の算式で「セットバックを必要とする市街地山林が宅地であるとした場合の1㎡当たりの価額」を求めます。

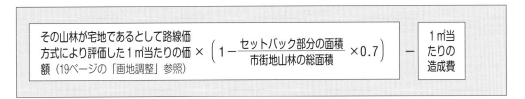

❷ 次に「セットバックを必要とする市街地山林の価額」を求めます。

| 上記❶の「セットバックを必要とする市街地山林が宅地であるとした場合の1㎡当たりの価額」 | × | 市街地山林の地積 |

2. 都市計画道路予定地の区域内にある宅地の評価は、どうするか

> 都市計画道路予定地の区域内にある宅地については、都市計画法の規定により、通常、階数が2以下の建物しか建築できないなど、建物の建築について制限を受けることから、宅地としての通常の利用に制約があるため、その宅地の価額は、地区区分、容積率、地積割合の別に応じて定める補正率を乗じて計算した価額によって評価することとされています。

(1) 都市計画道路予定地の区域内に宅地があると、どうなるか

都市計画道路予定地の区域内（都市計画法4条6項に規定する都市計画施設のうちの道路予定地の区域内をいいます）にある宅地については、都市計画法の規定により階数が2以下の建物しか建築できないなど一定の制限が設けられており、その区域内で建物を建てようとする場合には、次に掲げる特定の場合を除き、都道府県知事の建築許可を得なければならないことになっています（**都市計画法46⑥**）。

■建築許可を要しない特定の行為

> ① 一定の簡易な行為
> ② 非常災害のために必要な応急措置として行う行為
> ③ 都市計画事業又はこれに類する事業として行う行為
> ④ 都市計画施設道路区域のうち建築物等の敷地として併せて利用すべき区域内で行う行為

■都道府県知事の建築許可を要するもの

> 都道府県知事が、次の要件に該当するものとして建築許可をしたものに限り、建物を建てることができます。
> ① 階数が2以下で、かつ、地階のないもの
> ② 建物の主要構造部が木造、鉄骨造、コンクリートブロック造で容易に移転又は除却ができるもの

(2) 都市計画道路予定地の区域内であるか否かの確認は、どうするか

都市計画道路予定地の区域内か否かは、市区町村役場の都市計画課又は道路課で確認することができます。また、都市計画課において、『都市計画図』を購入又はコピーすることも可能で

す。

> 【コメント】 各市町村には、用途地域、都市計画道路、公園などの各種開発事業などを記入した一般図が用意されていて閲覧等が可能です。
> 　最近では、各市町村のホームページから、希望する場所の都市計画道路や公園、用途地域の明示・証明書などを無料でダウンロードすることができるところが増えてきています。また、拡大図が必要な場合は、所定の申込書を送付すれば、拡大図をプリントアウト（有料）してくれる市町村もあります。

(3) 都市計画道路予定地の区域内にある宅地の評価は、どうするか

> **財産評価基本通達24-7 《都市計画道路予定地の区域内にある宅地の評価》**
> 　都市計画道路予定地の区域内（都市計画法第4条第6項に規定する都市計画施設のうちの道路の予定地の区域内をいう。）となる部分を有する宅地の価額は、その宅地のうちの都市計画道路予定地の区域内となる部分が都市計画道路予定地の区域内となる部分でないものとした場合の価額に、次表（『都市計画道路予定地補正率』の表）の地区区分、容積率、地積割合の別に応じて定める補正率を乗じて計算した価額によって評価する。
> （注）　地積割合とは、その宅地の総地積に対する都市計画道路予定地の部分の地積の割合をいう。

　都市計画道路予定地は、いずれは道路用地として時価で買収されるとしても、道路用地として買収されるまでの期間は相当長期間であることから、その土地の利用用途（商業地、住宅用地等の地区区分の別）、高度利用度（容積率の別）や地積の関係によって土地の価額に大きな影響を及ぼします。

　例えば、地域の土地利用が高層化されるなど立体的利用が進んでいるほど、都市計画事業による土地の効用を阻害する割合が大きくなります。また、評価対象地に占める道路予定地の面積割合が大きくなればなるほど、土地の価額に及ぼす影響も大きくなります。

　そこで、このような都市計画道路予定地の区域内にある宅地については、その地区区分、容積率、地積割合別に定められた一定の補正率を乗じて、評価額を減額することとされています。

| 都市計画道路予定地の区域内にある宅地の価額 | ＝ | 自用地の価額 | × | その地区区分、容積率、地積割合の別に応じて定める補正率（都市計画道路予定地補正率） |

【コメント】
- 「自用地の価額」とは、「都市計画道路予定地の区域内にある宅地がその区域内にないものとした場合（利用制限がない場合）の通常の評価額」をいいます。
- 「容積率」には、①都市計画法の規定によるもの（指定容積率）と、②建築基準法の規定によるもの（基準容積率）がありますが、この算式で実際に適用されるのは、①又は②のうちのいずれか低い方（厳しい方）とされています（74ページ参照）。
- 「地積割合」とは、「都市計画道路予定地の地積÷その宅地の総地積」の割合をいいます。

■都市計画道路予定地補正率（地区区分別の容積率及び地積割合）

地区区分 容積率 地積割合	ビル街地区、高度商業地区			繁華街地区、普通商業・併用住宅地区			普通住宅地区、中小工場地区、大工場地区	
	600%未満	600%以上700%未満	700%以上	300%未満	300%以上400%未満	400%以上	200%未満	200%以上
30%未満	0.91	0.88	0.85	0.97	0.94	0.91	0.99	0.97
30%以上60%未満	0.82	0.76	0.7	0.94	0.88	0.82	0.98	0.94
60%以上	0.70	0.60	0.50	0.90	0.80	0.70	0.97	0.90

【設例】 都市計画道路予定地の区域内にある宅地の評価額の求め方

- 評価対象地の地区区分；普通商業・併用住宅地区
- 容積率；300%

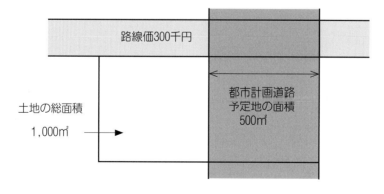

【計　算】

■路線価設定地域内に都市計画道路予定地がある場合（上記【設例】の場合）

- 地区区分＝普通商業・併用住宅地区
- 地積割合＝500㎡÷1,000㎡＝50％
- 容積率　＝300％

したがって、都市計画道路予定地
補正率＝0.88となります。

●都市計画道路予定地の区域内にある宅地の評価額＝（300千円×1,000㎡）×0.88＝264,000千円　（相続税評価額）

【参考】上記評価対象地が倍率地域内にあるとした場合

- 評価対象地の地区区分：普通住宅地区
（倍率地域内の評価対象地は、普通住宅地区にあるものとして評価します。）
- 地積割合：500㎡÷1,000㎡＝50％
- 容積率：300％
- 固定資産税評価額：25,000千円
- 宅地の評価倍率：1.2倍

したがって、都市計画道路予定地
補正率＝0.94となります。

ただし、固定資産税評価額には、都市計画道路予定地であることの考慮は行われていないものとします。

●都市計画道路予定地の区域内にある宅地の評価額＝（25,000千円×1.2倍）×0.94＝28,200千円　（相続税評価額）

【コメント】倍率地域の宅地が都市計画道路予定地である場合の評価上の注意点‼

都市計画道路予定地にある宅地の固定資産税評価額は、その大半が『都市計画施設の予定地に定められた宅地等の評価上の取扱いについて（昭50.10.15自治省税務局固定資産税課長通知）』に基づいて、算定されているようです。

そのため、倍率地域にある宅地が都市計画道路予定地である場合の、その宅地の総地積に対する固定資産税評価額は、その宅地が都市計画道路予定地の区域内にあることを考慮して、一定の補正が行われている可能性が高いと考えるべきでしょう（「平成12年度評価替えに関する土地補正の実施状況調査（総務省）」）。

既に、このような補正が行われている宅地を倍率方式で評価する場合には、重ねてこのような補正を行うことはできませんので、事前に市町村役場の担当課で、この点についての確認をする必要があります。

(4) 都市計画道路予定地の区域内にある宅地の評価を行う場合の留意点は、なにか

都市計画道路予定地の区域内にある宅地の評価を行う場合には、次の二点の確認が重要です。

① 宅地の地区区分の確認をする

都市計画道路予定地の区域内にある宅地の地区区分が、次のいずれの地区に該当するかを確認しておく必要があります（評基通14-2）。

イ．ビル街地区	ホ．普通住宅地区
ロ．高度商業地区	ヘ．中小工場地区
ハ．繁華街地区	ト．大工場地区
ニ．普通商業・併用住宅地区	

路線価地域の場合、上記の地区区分別の表記方式によって路線価が表示されていますので、『路線価図』でその地区区分を確認することができます（25ページ参照）。

なお、倍率地域の場合の地区区分は、普通住宅地区にあるものとします。

② 宅地の容積率の確認をする

都市計画道路予定地の区域内にある宅地に建物を建てる場合には、「建築物の延べ面積の敷地面積に対する割合」（これを「容積率」といいます）が一定の数値以下でなければならないとされています。

$$容積率 = \frac{建築物の延べ面積}{その敷地面積} \times 100\ (\%)$$

この「容積率」には、二つの異なる法律による規定が設けられていますが、都市計画道路予定地の区域内にある宅地の評価額を算出する場合に、実際に適用されるのは、次の①又は②のうちのどちらか低い方（厳しい方）の「容積率」です。（大蔵財務協会刊「財産評価基本通達逐条解説」の評基通24-7の解説を参照。）

① 都市計画の規定に基づいて指定される用途地域別の容積率《指定容積率》
② 建築基準法の規定に基づく前面道路の幅員制限よって計算される容積率《基準容積率》

宅地の取引価額は、その宅地にどの程度の規模の建物が建築できるか、すなわち「建築物の延べ床面積の敷地面積に対する割合《容積率》」がいくらになるかによって、その相場や評価額の計算に大きな影響を及ぼすことになります。

したがって、実際に適用する容積率については、市区町村の都市計画担当部署で確認しておくことが大切です。

なお、都市計画道路予定地が倍率地域にある場合は、固定資産税評価額が都市計画道路予定地であることを考慮して付されているか否かの確認をしておく必要があります（73ページのコメント参照）。

3. 路線価の設定されていない宅地の評価は、どうするか　**75**

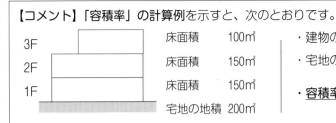

【コメント】「容積率」の計算例を示すと、次のとおりです。

- 建物の延べ床面積；400㎡
- 宅地の地積　　　；200㎡
- <u>容積率</u>；(400÷200)×100＝200%

(5) 道路以外の他の都市計画施設の予定地の場合は、どうするか

　道路以外の他の都市計画施設の予定地の場合も、都市計画道路予定地と同様の制限はあるものの都市計画決定から事業認可までの期間が短期間の場合は、早晩時価による用地買収が見込まれるので、特に大きな減価は生じないものと考えられます。しかし、都市計画施設のなかの交通施設、公共空地の予定地のうち、計画決定の広告後長期間にわたって事業決定の認可等がされない場合には、都市計画道路予定地の取扱いを準用することができます。（大蔵財務協会刊「財産評価基本通達逐条解説」）

3. 路線価の設定されていない宅地の評価は、どうするか

> 　路線価の設定されていない道路だけに接している宅地については、「特定路線価設定申出書」を税務署に提出して、『特定路線価』を設定してもらったうえで、評価します。

(1)「路線価の設定されていない道路のみに接する宅地」の評価は、どうするか

> **財産評価基本通達14-3《特定路線価》**
> 　路線価地域内において、相続税、贈与税又は地価税の課税上、路線価の設定されていない道路のみに接している宅地を評価する必要がある場合には、当該道路を路線とみなして当該宅地を評価するための路線価（以下「特定路線価」という。）を納税義務者からの申出等に基づき設定することができる。
> 　特定路線価は、その特定路線価を設定しようとする道路に接続する路線及び当該道路の付近の路線に設定されている路線価を基に、当該道路の状況、前項（14-2《地区》）に定める地区の別等を考慮して税務署長が評定した1平方メートル当たりの価額とする。

　「路線価」は、道路の価値を反映した価格ではなく、道路に面した土地の価値を反映した価格が付されています。したがって、「路線価の設定されていない道路」とは、新規に宅地開発された地域の道路や新設道路として供用が開始されたもの、建築基準法上の道路でないもの、行

き止まりの道路などであると考えられます。

このような「路線価の設定されていない道路」のみに接している宅地を評価する場合には、その「路線価の設定されていない道路」を通常の路線とみなして、その宅地を評価するための路線価（この路線価のことを『特定路線価』といいます）を、納税義務者からの申出等に基づいて設定することができます。

この特定路線価は、その特定路線価を設定しようとする道路に接続する路線及びその道路の付近の路線に設定されている路線価を基に、その道路の状況、財産評価基本通達14-2《地区》に定める地区（25ページ参照）の別等を考慮して、税務署長が評定した1㎡当たりの価額とされます。

■特定路線価の設定をする場合の例

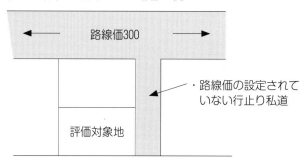

【コメント】
　特定路線価を設定するには、税務署長に対して一定の書類を添えて『特定路線価設定申出書』を提出する必要があります。

⑵　**特定路線価を設定して評価をする場合の実務上の留意点は、なにか**

　特定路線価は、「路線価の設定されていない道路」のみに接している宅地を評価するための路線価ですから、「路線価の設定されていない道路」と「路線価の設定されている道路」とに接している宅地の評価を行う場合には、その「路線価の設定されていない道路」に設定された特定路線価についての側方路線影響加算、二方路線影響加算、三方又は四方路線影響加算の適用はありません。

⑶　**特定路線価の設定申請は、どうするか**

　特定路線価の設定を申請しようとする場合には、「特定路線価設定申出書」及び「別紙／特定路線価により評価する土地等及び特定路線価を設定する道路の所在地、状況等の明細書」に所定事項を記載したうえ、次の資料を添付して税務署長宛に提出する必要があります。

■特定路線価設定申出書に添付する資料

　①　住宅地図の写し（物件案内図）
　②　公図、実測図の写し（地形図）
　③　その他現状の路線価図の写し、現況写真等、特定路線価の評定に参考となる資料

【コメント】 37ページの「特定路線価設定申出書の提出チェックシート」を参照してください。

【コメント】
　「特定路線価」の認定申請に際しては、必ず、申請に先立って現地調査を実施し、評価土地の形状や接面道路の状況(幅員、種別、舗装の有無など)、基準となる道路の状況及び状況が類似する道路などを予め選定しておき、併せてそれらの道路状況をも確認しておくことが重要です。
　漫然と「特定路線価」を申請するのではなく、納税者の納得が得られる「特定路線価」が付されるように担当税理士がリードすることが大事です。
　特定路線価の設定の申出は、納税義務者からの申出によって設定されることになっていますので、設定申請がなければ、近隣の路線価を補正して評定されることになります。
　その路線が、建築基準法上の道路に該当しない場合は、53ページを参照してください。

■特定路線価設定申出書

平成 28 年分　　特定路線価設定申出書	整理簿 ※

△△　税務署長　殿

平成28年12月25日

申出者（納税義務者）

住所(所在地)　〒000-0000　大阪市〇〇区〇〇町1丁目1番1号

氏名（名称）　吉田 正次　㊞

職業（業種）　会社員　電話番号 06-0000-0000

※印欄は記入しないでください。

相続税等の申告のため、路線価の設定されていない道路のみに接している土地等を評価する必要があるので、特定路線価の設定について、次のとおり申し出ます。

1	特定路線価の設定を必要とする理由	☑　相続税申告のため（相続開始日 28 年 9 月 5 日） 被相続人　住所 大阪市〇〇区〇〇町1丁目1番1号 　　　　　　氏名　吉田 正一 　　　　　　職業　無職 □　贈与税申告のため（受　贈　日＿＿年＿＿月＿＿日） □　地価税申告のため（＿＿＿＿年分）
2	評価する土地等及び特定路線価を設定する道路の所在地、状況等	「別紙　特定路線価により評価する土地等及び特定路線価を設定する道路の所在地、状況等の明細書」のとおり
3	添付資料	(1)　物件案内図（住宅地図の写し） (2)　地形図(公図、実測図の写し) (3)　その他 [　　　　　　　　　　　　　]
4	連絡先	住　所　大阪市〇〇区〇〇町2丁目2番2号 氏　名　和泉 茂 職　業　税理士　電話番号 06-0000-0000

*　□欄には、該当するものにレ点を付してください。

(資9-29-A4統一)

3. 路線価の設定されていない宅地の評価は、どうするか

■別紙/特定路線価により評価する土地等及び特定路線価を設定する道路の所在地、状況等の明細書

別紙　特定路線価により評価する土地等及び特定路線価を設定する道路の所在地、状況等の明細書

土地等の所在地（住居表示）	京都市△△区△△町2番　［京都市△△区△△町2番地］	［　］
土地等の利用者名、利用状況及び地積	(利用者名) 川名太郎　(利用状況) 貸宅地　120 m²	(利用者名)　(利用状況)　　m²
道路の所在地	京都市△△区△△町2番の北方	
道路の幅員及び奥行	(幅員) 3 m　(奥行) 25 m	(幅員)　m　(奥行)　m
舗装の状況	⦿舗装済・未舗装	舗装済・未舗装
道路の連続性	通抜け可能（車の進入可能・不可能）　⦿行止まり（⦿車の進入可能・不可能）	通抜け可能（車の進入可能・不可能）　行止まり（車の進入可能・不可能）
道路のこう配	なし（平坦地）　度	度
上水道	⦿有・無（引込み可能・不可能）	有・無（引込み可能・不可能）
下水道	⦿有・無（引込み可能・不可能）	有・無（引込み可能・不可能）
都市ガス	⦿有・無（引込み可能・不可能）	有・無（引込み可能・不可能）
用途地域等の制限	(第2種住居)地域　建ぺい率(80)%　容積率(200)%	(　)地域　建ぺい率(　)%　容積率(　)%
その他（参考事項）	特定路線価の設定申出対象となった道路は、建築基準法第42条第2項に規定する道路に該当します。	

(資9－30－A4統一)

4. 地区の異なる2以上の道路に接する宅地の評価は、どうするか

> 　地区の異なる2以上の道路に接する宅地の価額は、原則として、正面路線となる地区の画地補正率（奥行価格補正率や側方路線影響加算率など）を適用して評価します。その場合の正面路線は、その宅地が接するそれぞれの路線に付された路線価に奥行価格補正率を乗じて計算した金額のうち、高い方を正面路線価とします。

(1) 2以上の地区にわたる宅地の評価は、どうするか

　接する道路は同じでも、その宅地が異なる2以上の地区にわたる場合があります。このような場合には、原則として、その宅地の面積等から、その宅地がどの地区に属するかを判定し、その判定した地区に係る画地調整率を用いてその宅地全体を評価します。

　この場合に、その宅地が不整形地である場合には、まず、整形地とした場合の1㎡当たりの評価額を求め、判定した宅地の画地調整率にその宅地全体の地積を乗じて評価します。

　ただし、次の【設例】ように地区の異なる宅地が合理的に区分計算できる場合には、それぞれの地区の画地調整率を用いて計算することができます。

設 例1 地区の異なる宅地が合理的に区分計算できる場合

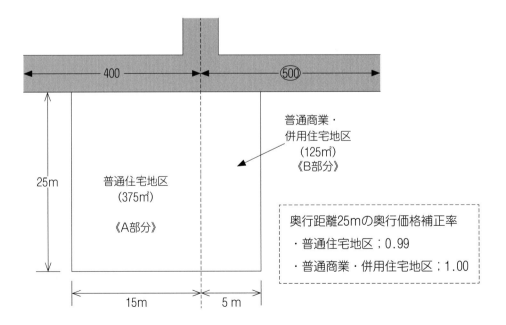

計　算

① 普通住宅地区の奥行価格補正後の価額

　　　（路線価）　（奥行25mの奥行価格補正率）　（地積）　　（評価額）
　　400,000円×　　　0.99　　　×375㎡＝148,500,000円

② 普通商業・併用住宅地区の奥行価格補正後の価額

　　　（路線価）　（奥行25mの奥行価格補正率）　（地積）　（評価額）
　　500,000円×　　　1.00　　　×125㎡＝62,500,000円

③ 評価対象地《2以上の異なる地区にわたる宅地》の評価額

　　　（①の評価額）　（②の評価額）　（2以上の異なる地区にわたる宅地の評価額）
　　148,500,000円＋62,500,000円＝　　　211,000,000円

【コメント】　同一路線に接する宅地が異なる2以上の地区にわたる宅地である場合の評価額の計算は、上図のようにB部分の宅地については、A部分の普通住宅地区に属する部分と併せて判断することになりますので、間口狭小補正率や奥行長大補正率は適用しません。この点、注意してください。

設例2　地区の異なる宅地が不整形地である場合

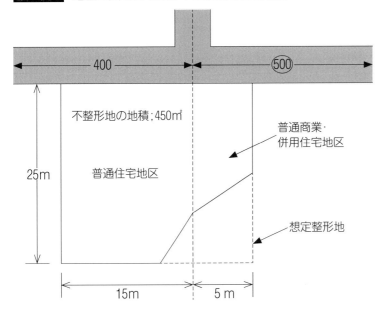

計　算

① 不整形地450㎡の奥行距離の算定

　　　（地積）　（接道部分の距離）　（計算上の奥行距離）　（想定整形地の奥行距離）
　　450㎡÷（15＋5）m＝　　22.5m　　＜　　　25m

　地積を間口距離で除して算出した計算上の奥行距離によります。ただし、この場合の奥行距離は、想定整形地の奥行距離25mを限度とします。

② 奥行距離25mの普通住宅地区の奥行価格補正率：1.00

③ 想定整形地とした場合の普通住宅地区の奥行価格補正後の評価額

$$\underbrace{\frac{400,000円\times15m+500,000円\times5m}{25m}}_{\text{(加重平均による路線価)}}\times\underbrace{1.00}_{\text{(②の奥行価格補正率)}}\times\underbrace{450㎡}_{\text{(地積)}}$$

$= \underbrace{153,000,000円}_{\text{(2以上の異なる地区にわたる宅地の評価額)}}$

【コメント】【設例2】のように奥行距離が一定でない宅地の奥行距離は、地積を間口距離で除して求めた計算上の奥行距離と、その宅地に係る想定整形地の奥行距離とのいずれか短い方の距離によります。

(2) 地区の異なる2以上の道路に接する宅地の評価は、どうするか

地区の異なる2以上の道路に接する宅地の価額は、原則として、その宅地の接する正面路線価の地区の奥行価格補正率を適用して評価します。また、その場合の側方路線影響加算額についても、正面路線の地区の奥行価格補正率及び側方路線影響加算率を適用して評価します。

ただし、正面路線の地区の奥行価格補正率を適用して計算した評価額と、側方路線の地区の奥行価格補正率を適用した金額が同額となる場合には、路線の接する距離が長い方の路線を正面路線として評価額を計算します。

設 例 地区の異なる2以上の路線に接する場合

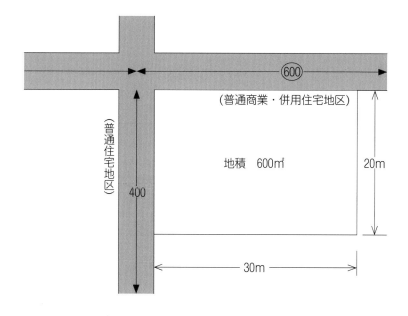

○宅地の地積；600㎡
　（注）「広大地」には、該当しません。
○奥行価格補正率
　・普通商業・併用住宅地区；奥行距離30mの場合1.00
　　　　　　　　　　　　　　奥行距離20mの場合1.00
　・普通住宅地区；　　　　　奥行距離30mの場合0.98
　　　　　　　　　　　　　　奥行距離20mの場合1.00
○側方路線影響加算率
　・普通商業・併用住宅地区；角地の場合0.08
　・普通住宅地区；　　　　　角地の場合0.03

計　算

① 正面路線の判定

　イ．奥行距離20mの場合の奥行価格補正率適用後の価額（普通商業・併用住宅地区）；

（普通商業・併用住宅地区の1㎡当たり路線価）　（奥行距離20mの場合の奥行価格補正率）
　　　　600,000円　　　　　×　　　　　1.00　　　　＝600,000円

　ロ．奥行距離30mの場合の奥行価格補正率適用後の価額（普通住宅地区）；

（普通住宅地区の1㎡当たり路線価）　（奥行距離30mの場合の奥行価格補正率）
　　　　400,000円　　　×　　　　　0.98　　　　＝392,000円

　ハ．正面路線の判定　；　イ ＞ ロ　∴　正面路線は、「普通商業・併用住宅地区」

③ 評価対象地《地区が異なる2以上の路線に接する宅地》の評価額

（正面路線価）（奥行価格補正率）（側方路線価）（奥行価格補正率）（側方路線影響加算率）（地積）
｛600,000円 ×　　1.00　　＋400,000円＋　　1.00　　×　　0.08　　｝×600㎡

＝<u>379,200,000円</u>

【コメント】正面路線の判定については、26ページ参照。なお、複数の路線に接する土地の借地権の価額を評価する場合、各路線の借地権割合が異なるときには、正面路線の借地権割合を適用して評価します。

5．間口が狭小な宅地や奥行が長大な宅地の評価は、どうするか

> 道路に接する間口距離（28ページ参照）の小さい宅地や間口距離に比べて奥行が非常に長大な宅地（不整形地や無道路地である場合を除きます）は、その近傍宅地における標準的な宅地の価額よりも低く評価されます。
> そこで、このような宅地については、一定の減額調整をして宅地の評価額を計算します。

(1) 「間口が狭小な宅地」・「奥行が長大な宅地」とは、どんな宅地か

「間口が狭小な宅地」とは、次表の「地区区分」ごとに定められた「間口距離」に満たない宅地をいいます。また、「奥行が長大な宅地」とは、奥行距離を間口距離で除して得た数値（「奥行距離」÷「間口距離」）が、次表の「地区区分」に応じた数値以上となる宅地をいいます。

■「間口が狭小な宅地」・「奥行が長大な宅地」の判定表

地区区分 \ 宅地の区分	間口が狭小な宅地 間口距離	奥行が長大な宅地 「奥行距離」÷「間口距離」
ビル街地区	28m未満	－
高度商業地区	8m未満	3以上
繁華街地区	4m未満	3以上
普通商業・併用住宅地区	6m未満	3以上
普通住宅地区	8m未満	2以上
中小工場地区	10m未満	3以上
大工場地区	28m未満	－

(2) 「間口が狭小な宅地」・「奥行が長大な宅地」の評価は、どうするか

> **財産評価基本通達20-3 《間口が狭小な宅地等の評価》**
> 次に掲げる宅地（不整形地及び無道路地を除く。）の価額は、15《奥行価格補正》の定めにより計算した１平方メートル当たりの価額にそれぞれ次に掲げる補正率表に定める補正率を乗じて求めた価額にこれらの宅地の地積を乗じて計算した価額によって評価する。この場合において、地積が大きいもの等にあっては、近傍の宅地の価額との均衡を考慮し、それぞれの補正率表に定める補正率を適宜修正することができる。
> (1) 間口が狭小な宅地　付表6「間口狭小補正率表」
> (2) 奥行が長大な宅地　付表7「奥行長大補正率表」

5．間口が狭小な宅地や奥行が長大な宅地の評価は、どうするか **85**

① 「間口が狭小な宅地」の評価額は、こうして求める

　間口が狭小な宅地（不整形地及び無道路地を除きます。）の価額は、その宅地の路線価に「地区区分」と「奥行距離」に応じた「奥行価格補正率」を適用して計算した1㎡当たりの価額に、「間口狭小補正率」を乗じて求めた価額に、その宅地の地積を乗じて計算した価額によって評価します。

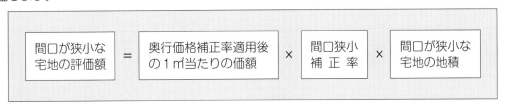

設例1 普通住宅地区にある場合

（奥行長大補正率の「適用なし」の場合）

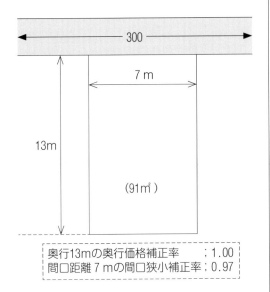

奥行13mの奥行価格補正率　；1.00
間口距離7mの間口狭小補正率；0.97

計　算

① 奥行価格補正後の正面路線価

　　（路線価）　　（奥行価格補正率）
　　300,000円　×　　1.00
　　　　（補正後1㎡当たり正面路線価）
　＝　　300,000円

② 奥行長大補正率適用の判定；適用なし

　奥行距離÷間口距離

　＝13m÷7m≒1.86＜2

　(注)【設例1】の普通住宅地区の「奥行距離÷間口距離」が2未満となるので、奥行長大補正を行う必要はありません（上記(1)の判定表参照）。

③ 間口狭小補正後の評価額

　（修正後正面路線価）　（間口狭小補正率）　（地積）
　　300,000円　×　　0.97　×　91㎡
　　　　　（間口狭小宅地の評価額）
　＝　26,481,000円

設 例 2　普通住宅地区にある場合
（奥行長大補正率の「適用あり」の場合）

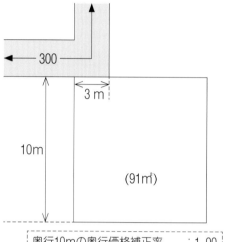

奥行10mの奥行価格補正率　　　：1.00
間口距離3mの間口狭小補正率：0.90
奥行長大補正率（右欄②の計算）：0.96

計　算

① 奥行価格補正後の正面路線価
　　（路線価）　　（奥行価格補正率）
　　300,000円　×　　1.00
　　　　（補正後1㎡当たり正面路線価）
　　＝　　　　300,000円

② 奥行長大補正率適用の判定：<u>適用あり</u>
　　奥行距離÷間口距離
　　＝10m÷3m≒3.33＞2
　　2以上なので、「奥行が長大な宅地」に該当します。
　　∴ <u>奥行長大補正率：0.96</u>

③ 間口狭小・奥行長大補正後の評価額
（修正後正面路線価）（間口狭小補正率）（奥行長大補正率）（地積）
　300,000円　×　　0.90　×　　0.96　×　91㎡
　　　　（間口狭小宅地の評価額）
　＝　　<u>23,587,200円</u>

> 【コメント】　間口が狭小であっても、その地積が大きいものなどは、近傍宅地の価額との均衡を考慮して、付表6の「間口狭小補正率表」に定める補正率によらず、適宜補正率を修正できるとされています（評基通20-3参照）。

② 「奥行が長大な宅地」の評価は、どうするか

奥行のある宅地の評価は、その宅地の路線価に奥行価格補正率を適用して計算した1㎡当たりの価額に地積を乗じて計算することとされていますが、その評価しようとする宅地の奥行が深く、間口に比して非常に長大である場合には、「間口狭小補正率」と同様の理由によって、その宅地の地区区分ごとに「奥行距離÷間口距離」の割合に応じて定められている「奥行長大補正率」を当てはめて計算した価額に、その宅地の地積を乗じて評価額を求めます。

| 奥行が長大な宅地の評価額 | ＝ | 間口狭小補正率適用後の1㎡当たりの価額 | × | 奥行長大補正率 | × | 奥行が長大な宅地の地積 |

設例　普通住宅地区にある場合

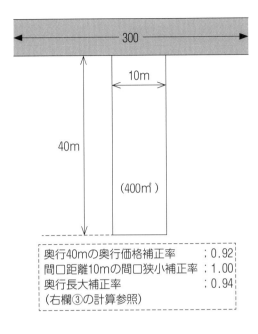

奥行40mの奥行価格補正率　：0.92
間口距離10mの間口狭小補正率：1.00
奥行長大補正率　　　　　　：0.94
（右欄③の計算参照）

計算

① 奥行価格補正後の正面路線価

　　（路線価）　　　（奥行価格補正率）
　　300,000円　×　　0.92
　　　　（補正後1㎡当たり正面路線価）
　　＝　　276,000円

② 間口狭小補正後の評価額

　　（修正後正面路線価）　（間口狭小補正率）
　　276,000円　×　　1.00
　　　（間口が狭小な宅地の1㎡当たり評価額）
　　＝　　276,000円

③ 奥行長大補正率の計算

　　（奥行距離）　（間口距離）
　　40m　÷　10m　＝　4　＞　2
　　∴　奥行長大補正を行う。

④ 奥行長大補正後の評価額

　　（修正後の②の価額）　（奥行長大補正率）　（地積）
　　276,000円　×　　0.94　×　400㎡
　　　　（奥行が長大な宅地の評価額）
　　＝　　103,776,000円

相続時の作業手順

① 相続人からの状況確認

　過去からの経緯、現在の利用状況（道路へのアクセス）、権利の設定等の確認をします。

② 資料収集

　住宅地図、公図、地積測量図（あれば）、土地登記簿謄本により評価対象地の隣接地（周辺）の所有者等の確認をします。

③ 現地確認

　現在の利用状況（道路へのアクセス）、通路としての区分の有無やその幅員、簡易測量により建物・駐車場の配置等も確認します。

④ 役所での確認

　接道の有無、建物が存在するなら、どのようにして建築されたのか、建築制限等の有無の確認をします。

⑤ 評価

　本項目の内容を踏まえて評価します。

6．道路に接していない宅地の評価は、どうするか

> 財産評価基本通達上は、道路に接していない宅地及び接道義務を満たしていない宅地を「無道路地」といいます。無道路地の価額は、接道義務に基づいて最小限度の通路を開設したものとみなして、その通路開設費用相当額《不整形地補正率適用後の価額の40％相当額を限度》を控除した額を評価額とします。

(1) 道路に接していない宅地は、どうやって道路と連絡をとるのか

　無道路地とは、一般に道路（路線価の設定されていないものも含みます）に接していない宅地（接道義務を満たしていない宅地を含みます）のことをいいますが、実際には、里道などの認定外道路を通じ、あるいは、他人の土地の一部を通路として使用させてもらうことにより、道路と連絡をとっていることが多いようです。ただし、その利用価値は、直接道路に面している土地に比べ、低くなると考えられます。

(2) 道路に接していない宅地や接道義務を満たしていない宅地の評価は、どうするか

> **財産評価基本通達20-2《無道路地の評価》**
> 　無道路地の価額は、実際に利用している路線の路線価に基づき20《不整形地の評価》の定めによって計算した価額からその価額の100分の40の範囲内において相当と認める金額を控除した価額によって評価する。この場合において、100分の40の範囲内において相当と認める金額は、無道路地について建築基準法その他の法令において規定されている建築物を建築するために必要な道路に接すべき最小限の間口距離の要件（以下「接道義務」という。）に基づき最小限の通路を開設する場合のその通路に相当する部分の価額（路線価に地積を乗じた価額）とする。
> （注）1　無道路地とは、道路に接しない宅地（接道義務を満たしていない宅地を含む。）をいう。
> 　　　2　20《不整形地の評価》の定めにより、付表5「不整形地補正率表」の(注)3の計算をするに当たっては、無道路地が接道義務に基づく最小限度の間口距離を有するものとして間口狭小補正率を適用する。

① 道路に接していない宅地の評価は、どうするか

　道路に接していない宅地の評価については、道路に面した標準的な画地の価額である路線価を基に、利用価値の低下に応じた補正を行うことになっています。

　ただし、他人の土地に周囲を取り囲まれていても、その他人の土地を通行の用に供する権利（地役権、賃借権等）がある場合には、このような補正は行いません。

> 【コメント】
> 　民法第210条《公道に至るための他の土地の通行権》は、次のとおり規定しています。
> 　第210条　他の土地に囲まれて公道に通じない土地の所有者は、公道に至るため、その土地を囲んでいる他の土地を通行することができる。
> 　2　池沼、河川、水路若しくは海を通らなければ公道に至ることができないとき、又は崖があって土地と公道とに著しい高低差があるときも、前項と同様とする。

② 接道義務を満たしていない宅地の評価は、どうするか

　道路に接する間口距離が接道義務を満たしていない宅地についても、建物の建築に著しい制限を受けるなどの点で、その利用価値が低くなることから、上記①に準じた方法で評価します。

③ 「無道路地」の評価額は、こうして求める

　無道路地（接道義務を満たしていない宅地を含みます）の価額は、原則として、実際に利用している路線に接する前面の宅地と合わせて評価した想定整形地の価額から、無道路地以外の宅地の価額を控除した価額《無道路地についての不整形地補正率適用後の価額》を基にしてその価額の40％の範囲内で相当と認められる金額《無道路地の斟酌額》を控除した価額とされています。

無道路地の評価額	＝	無道路地の奥行価格・不整形地補正後の価額	－	無道路地の斟酌額（通路開設部分の価額）

設 例 1　道路に接していない宅地の場合

■宅地の現状

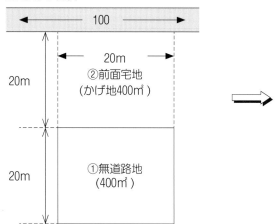

■通路を開設した場合の想定図

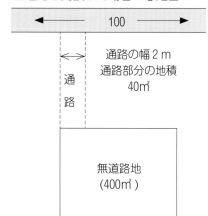

奥行40mの奥行価格補正率；0.92
奥行20mの奥行価格補正率；1.00
不整形地補正率　　　　　；0.79
（普通住宅地区・地積区分Ａ・かげ地割合50％）

間口狭小補正率；0.90
　（間口距離4m未満）
奥行長大補正率；0.90
　（間口距離2m、奥行距離40m）

計　算

1．無道路地（①）の奥行価格補正後の価額

(1) 無道路地（①）と前面宅地（②）を合わせた土地の奥行価格補正後の価額

　　　　（路線価）　　　（奥行40mの奥行価格補正率）　（①＋②の地積合計）
　　　100,000円　×　　　　　0.92　　　×　　800㎡　＝　73,600,000円

(2) 前面宅地（②）の奥行価格補正後の価額

　　　　（路線価）　　　（奥行20mの奥行価格補正率）　（前面宅地（②）の地積）
　　　100,000円　×　　　　　1.00　　　×　　400㎡　＝　40,000,000円

(3) 「(1)－(2)」により求めた無道路地（①）の奥行価格補正後の価額

　　　　（①＋②の価額）　　　（②の価額）　　（①の奥行価格補正後の価額）
　　　73,600,000円　－　40,000,000円　＝　33,600,000円 ……………………………(A)

2．不整形地補正（又は間口狭小補正、奥行長大補正）後の価額

　不整形地補正率0.79（普通住宅地区・地積区分Ａ・かげ地割合50％）

$$
\left\{
\text{かげ地割合} = \frac{\overset{\text{(想定整形地の地積)}}{800㎡} - \overset{\text{(無道路地の地積)}}{400㎡}}{\underset{\text{(想定整形地の地積)}}{800㎡}} = 50\%
\right\}
$$

（不整形地補正率）（間口狭小補正率）（小数点第2位未満切捨）（間口狭小補正率）（奥行長大補正率）
　　0.79　×　0.90　＝　0.71　＜　0.90　×　0.90　＝　0.81

（①の奥行価格補正後の価額）　（不整形地補正率）　（不整形地補正後の①の価額）
33,600,000円（A）　×　0.71　＝　23,856,000円 …………………………………(B)

3．通路開設部分の価額

(路線価)　　　(通路部分の地積)　　　　　　　　　　　　　　　(限度額)
100,000円 × 40㎡ = **4,000,000円（C）** ＜ 23,856,000円（B）×0.4

4．評価対象地《無道路地》の評価額

(不整形地補正後の①の価額)　(通路開設部分の価額)　(無道路地①の評価額)
23,856,000円（B） － 4,000,000円（C） = **19,856,000円**

設例2　接道義務を満たしていない宅地の場合

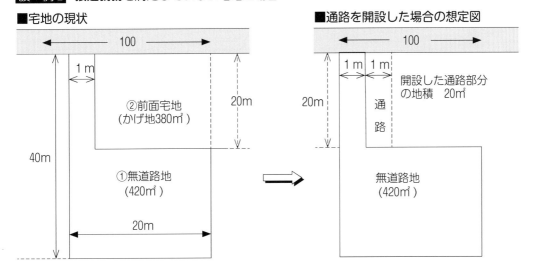

奥行40mの奥行価格補正率；0.92
奥行20mの奥行価格補正率；1.00
不整形地補正率　　　　　；0.82
（普通住宅地区・地積区分A・かげ地割合47.50％）

間口狭小補正率；0.90
（間口距離4m未満）
奥行長大補正率；0.90
（間口距離2m、奥行距離40m）

計算

1．無道路地（①）の奥行価格補正後の価額

(1) 無道路地（①）と前面宅地（②）を合わせた土地の奥行価格補正後の価額

(路線価)　　(奥行40mの奥行価格補正率)　(①+②の地積合計)
100,000円 × 0.92 × 800㎡ = 73,600,000円

(2) 前面宅地（②）の奥行価格補正後の価額

(路線価)　　(奥行20mの奥行価格補正率)　(前面宅地（②）の地積)
100,000円 × 1.00 × 380㎡ = 38,000,000円

(3) 「(1)－(2)」により求めた無道路地（①）の奥行価格補正後の価額

(①+②の価額)　　(②の価額)　　(①の奥行価格補正後の価額)
73,600,000円 － 38,000,000円 = 35,600,000円 ……………………(A)

2．不整形地補正（又は間口狭小補正、奥行長大補正）後の価額

不整形地補正率0.82（普通住宅地区・地積区分Ａ・かげ地割合47.50％）

$$\left\{ \text{かげ地割合} = \frac{\overset{(想定整形地の地積)}{800㎡} - \overset{(無道路地の地積)}{420㎡}}{\underset{(想定整形地の地積)}{800㎡}} = 47.50\% \right\}$$

　　(不整形地補正率)　(間口狭小補正率)　(小数点第２位未満切捨)　(間口狭小補正率)　(奥行長大補正率)
　　　0.82　　×　　0.90　　＝　　0.73　　＜　　0.90　　×　　0.90　　＝　0.81

(①の奥行価格補正後の価額)　(不整形地補正率)　(不整形地補正後の①の価額)
　35,600,000円（Ａ）　×　　0.73　　＝　　25,988,000円 ……………………………（Ｂ）

3．通路開設部分の価額

(路線価)　(通路部分の地積)　　　　　　　　　　　　　　　(限度額)
100,000円×　20㎡　＝　2,000,000円（Ｃ）＜　25,988,000円（Ｂ）×0.4

4．評価対象地《無道路地》の評価額

(不整形地補正後の①の価額)　(通路開設部分の価額)　(無道路地①の評価額)
　25,988,000円（Ｂ）　－　2,000,000円（Ｃ）　＝　<u>23,988,000円</u>

(3) 無道路地の現地確認時の留意点は、なにか

　現地調査では、特に、宅地と道路の関係についての確認が重要です。その場合、多く見られる事例としては、次の三つのケースが挙げられます。

> ① 道路（路線価の付されていないものも含みます）に直接面していない場合
>   ただし、自己所有の評価単位の異なる土地を挟んで道路に面していない土地は、無道路地ではありません。
> ② 道路（路線価の付されていないものも含みます）に面していても、その間口距離が建築基準法の接道義務を満たしていない場合
> ③ 道路（路線価の付されていないものも含みます）に面しているが、その道路が建築基準法上の道路に該当しないものである場合

　<u>上記①～③のいずれに該当するかを判定する場合、まず、隣接している土地（通路部分を含みます）の所有者を確認する必要があります。</u>

　そこで、法務局に赴き評価対象地周辺の公図を取得（コピー）し、登記簿謄本を閲覧（取得）した上で、評価対象地から道路までの土地所有者を確認します。その上で、道路の種類を確認（38ページ参照）し、上記①～③のいずれのケースに該当するかを判定します。

　ⅰ）　**上記①に該当する場合**

　上記①の場合は、評価対象地から道路までの土地所有者が誰かによって、その評価方法が異なります。

■評価対象地から道路までの土地所有者が異なる者である場合
【例示1】

(90ページ【設例1】参照)

【コメント】
　甲所有地は無道路地として評価します。
　接道義務を満たさなければ、甲は建物を建築できません。

■評価対象地から道路までの土地所有者が同一の者である場合（上記①ただし書の場合）
【例示2】　甲が公道に接するA宅地とB宅地を所有している場合

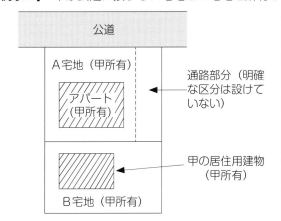

【コメント】
　B宅地は無道路地として評価しません。
　A・B宅地は2区画の宅地ですが、所有者が同一なので、B宅地は、接道義務を満たす最小の幅員の通路が設けられている土地（不整形地）として評価します。この場合の通路部分は、B宅地の面積には含めません。
　また、無道路地としての補正は行わないことに留意してください。路地状敷地の接道義務については、88ページを参照してください。
　なお、通路部分が明確に区分されている場合は、その通路部分を含めたところでB土地を評価します。

（注）　この取扱いについては、17ページに掲げた国税庁ホームページの「質疑応答事例」を参照してください。

ⅱ) 上記②に該当する場合

接道義務を満たしていない土地として、80ページ〔設例2〕に準じた方法で評価します。

【例　示】　A宅地が公道に1.5mしか接道していない場合

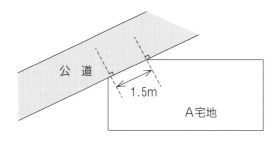

【コメント】
　A宅地は、無道路地として、評価します。
　なお、道路に2m以上接していないので、現状のままでは、A宅地には建物を建てることはできません。

ⅲ) 上記③に該当する場合

原則として、建物の建築はできませんが、建築基準法上の道路に接していないからとはいえ、無道路地として評価することはできません。

したがって、このような土地を評価する場合には、事前に所轄税務署の評価担当者に面談し、建築が不可能であることを説明した上で、評価方法（路線価が付されていない場合には、「特定路線価」を申請する必要があるのか、それとも他の方法によるか等）を確認する必要があります（37ページの「特定路線価設定申出書の提出チェックシート」参照。）。

【コメント】
　建築基準法上の道路に接していない場合でも、過去にその道路において、特定行政庁に「建築基準法43条1項（接道義務）ただし書」の許可を受けている場合には、建物の再建築が可能になる場合があります。

相続時の作業手順

① 相続人からの状況確認

過去からの経緯、現在の利用状況（道路へのアクセス）、権利の設定等の確認をします。

② 資料収集

住宅地図、公図、地積測量図（あれば）、土地登記簿謄本により評価対象地の隣接地（周辺）の所有者等の確認をします。

③ 現地確認

現在の利用状況（道路へのアクセス）、通路としての区分の有無やその幅員、簡易測量により建物・駐車場の配置等も確認します。

④ 役所での確認

接道の有無、建物が存在するなら、どのようにして建築されたのか、建築制限等の有無の確認をします。

⑤ 評価

本項目の内容を踏まえて評価します。

⑥ その他

納税のための売却の可能性はありますが、無道路地の物納は原則としてできません。

> (イ) 道路としての使用法に応じて利用されることになり、第三者が通行することを容認しなければならないこと
> (ロ) 道路内建築の制限により、通行を妨害する行為が禁止されること
> (ハ) 私道の廃止又は変更が制限されること等から、一定の利用制限が認められること
> (ニ) このような私道を含む住宅の売買実例や不動産鑑定評価等からみても、私道の減額を100%としている事例が多いこと

7. 広大地の評価は、どうするか

　広大な宅地を開発しようとする場合には、開発しようとする宅地がある市区町村が制定した宅地開発指導要綱に基づいて作成された開発想定図に記載された道路や公園などの公共公益的施設用地（通常、「潰れ地」と称しています）を提供しなければなりません。
　このような「潰れ地」が生じる広大地は、その広大地が路線価地域にある場合には、その宅地の正面路線価に0.35を下限とする一定の広大地補正率を乗じて計算した価額に広大地の地積を乗じて計算した金額を評価額とします（107ページ参照）。
　したがって、広大地の評価は、評価対象地の地積さえ確認できれば、評価額の計算自体は、機械的形式的に簡単に計算できます。
　（注）　この評価方法は、平成16年6月4日の財産評価基本通達の改正により定められた新しい評価方法です。なお、この取扱いは、平成16年1月1日以後に相続等により取得した財産の評価について適用されています。

【コメント】広大地については、評価額の計算自体は簡単ですが、広大地に「該当するか・しないか」の判定に関しては、課税当局では、かなり厳格な吟味をしているようですので、広大地評価を適用する場合には、広大地の要件を確実に満たすか否かについては、慎重な判断が必要と思われます。

(1) 広大地とは、どんな土地か

　広大地とは、その地域の標準的な宅地の地積に比して著しく広大な宅地で、都市計画法4条に規定する開発行為（主として建築物の建築又は特定工作物の建設を目的として行われる土地区画形質の変更をいいます）を行うとした場合に、道路や公園などの公共施設用地や教育施設・医療施設などの公益的施設用地の提供が義務付けられている宅地をいいます。
　（注）　区画の変更とは、道路、河川、水路等の新設・廃止・付替えなどにより、一団の土地利用形態を変更することをいい、形質の変更とは、1m（地方庁によって異なります。）を超える切土や盛土を行う造成行為（形状の変更）又は農地等宅地以外の土地を宅地とする行為（性質の変更）をいいます。
　しかし、大規模工場用地に該当するものや中高層の集合住宅用地等の敷地に適しているもの（その宅地について、経済的に最も合理的であると認められる開発行為が中高層の集合住宅等を建築することを目的とするものであると認められるものをいいます）は、広大地に該当しません（財産評価基本通達24-4）。

(2) 広大地に「該当する・しない」の判定は、どうするか

広大地に該当するためには、次の二つの要件を満たすことが義務付けられています。

> ① 戸建住宅分譲用地として開発され、道路等の潰れ地が生じる土地、即ち、公共公益的施設用地となる土地の提供を前提としていること
> ② その対象地がその地域の標準的な画地に比べ、著しく地積が広大であること

ただし、上記②に該当する場合でも、「一体利用することが市場の需給関係等を勘案して合理的であると認められる場合には、地積過大による減額を行う必要はない」(「土地価格比準表の取扱いについて」(国土交通省))とされていることなどから、その宅地を中高層の集合住宅等の敷地として使用することが最有効使用である場合(いわゆる、「マンション適地等」である場合)には、広大地に該当しないこととされています。

なお、広大地に「該当するもの・しないもの」の条件を例示的に示すと、次表のようになります(平成16年6月29日付資産評価企画官情報第2号『「財産評価基本通達の一部改正について」通達のあらましについて(情報)』(以下「平成16年・情報第2号」といいます)の「2 広大地の評価」解説の3《通達改正の概要》及び平成17年6月17日付資産評価企画官情報第1号『広大地の判定に当たり留意すべき事項(情報)』(以下「平成17年・情報第1号」といいます)参照)。

■広大地に「該当するもの・しないもの」の条件の例示

区　　分	条　件　の　例　示
広大地に該当するもの	・普通住宅地区等に所在する土地で、各自治体が定める開発許可を要する面積基準以上のもの 　　ただし、下記の「広大地に該当しないもの」に該当するものを除く。
広大地に該当しないもの	・既に開発を終了しているマンション・ビル等の敷地用地 ・現に宅地として有効利用されている建築物等の敷地 　　(例えば、大規模店舗、ファミリーレストラン、郊外型店舗等) ・原則として、容積率300％以上の地域にある土地(マンション適地) 　　(注) 容積率とは、建築物の延べ面積の敷地面積に対する割合をいう(74ページ参照)。 ・公共公益的施設用地の負担がほとんど生じないと認められる土地 　　例えば、道路に面していて、間口が広く、奥行がそれほどではない土地 　　　(道路が二方、三方及び四方にある場合も同じ)

① 都市計画法の開発許可を要する面積基準と広大地の評価方法が適用できる面積とは？

イ　都市計画法における開発許可を要する面積基準

　都市計画法における開発許可を要する面積基準は、原則として、市街化区域にあっては1,000㎡以上（三大都市圏にあっては500㎡以上、また、区域区分の定めのない都市計画区域及び準都市計画区域にあっては3,000㎡以上）とされていますが、特に必要があると認められる場合には、都道府県知事又は指定都市等の長は条例によって、300㎡以上1,000㎡未満（区域区分の定めのない都市計画区域及び準都市計画区域にあっては、300㎡以上3,000㎡未満）の範囲内で、別途、その規模を定めることができることとされています。

　したがって、条例によって別途、開発許可を要しない面積基準が設けられているところでは、この面積基準を超える規模である場合には、広大地とされる場合があることに注意する必要があります。

　その評価対象地が著しく広大であるかどうかの判定は、その土地上の建物の有無に関係なく、その土地の規模によって判定します。

ロ　「非線引都市計画区域」の取扱い

　一部の都市においては、主要駅周辺の市街地であっても市街化区域と市街化調整区域の区域区分（いわゆる「線引き」）が行われていないところがあります。このような線引きが行われていない地域の「開発許可面積基準」は3,000㎡であることから、開発を行う場合に公共公益的施設用地の負担が生じる場合であっても、評価対象地の面積が3,000㎡に達しなければ、広大地には該当しないことになります。

　ところが、都市計画法においては、線引きを行うかどうかは首都圏の既成市街地等を除き、都道府県の選択に委ねられています。また、線引きが行われていない地域であっても、用途地域が定められている地域については、その用途地域が目指す環境の実現のため市街化が進められると考えられることから、開発許可面積基準は異なるものの、実態は市街化区域と区別する必要性もないため、市街化区域と同様の面積基準によって、広大地として取り扱うことが明確化されています(平成17年・情報第1号)。

> 【コメント】「非線引都市計画区域」（一般には、「非線引区域」と称しています）とは、市街化区域と市街化調整区域の区域区分が行われていない都市計画区域をいいます。

ハ　広大地の面積基準の要件を満たすものの範囲《まとめ》

　次に掲げる面積以上の宅地であれば、原則として、広大地としての面積基準の要件を満たすことになります。

ただし、近隣の地域の状況から、その地域の標準的な規模が下表の面積以上である場合には、その地域の標準的な土地の面積を超える面積のものが広大地としての面積基準の要件を満たすことになります。したがって、開発許可面積基準以上であっても、その面積が地域の標準的な規模である場合には、当然のことながら、広大地にはなりませんので、注意してください。

区　域	その面積		
①市街化区域、非線引都市計画区域（下記②を除く）	都市計画法施行令19条1項及び2項に定める面積		
	イ　市街化区域	三大都市圏	500㎡
		上記以外の地域	1,000㎡
	ロ　非線引都市計画区域		3,000㎡
②用途地域が定められている非線引都市計画区域	市街化区域に準じた面積		

■広大地評価の面積基準

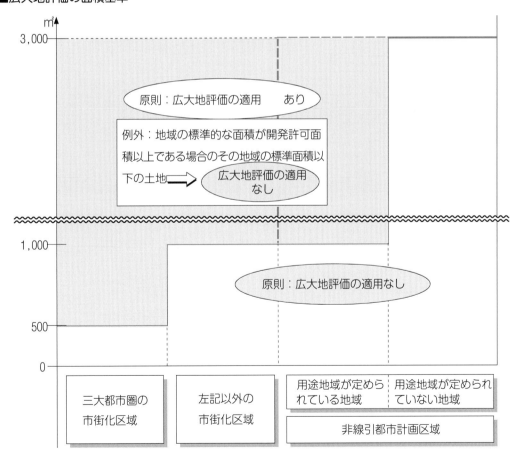

二　広大地補正率を用いた評価方法が適用できる広大地の地積の範囲

　平成16年6月の広大地の評価通達改正後においては、財産評価基本通達24-4《広大地の評価》の評価方法が適用できる広大地の地積は、原則として、地積5,000㎡までの土地とされています。

> 【コメント】　地積が5,000㎡を超える広大地については、原則として個別評価とされていますが、納税者の選択により、個別評価によらず、広大地補正率の下限数値である「0.35」を適用することも認められています（108ページ参照）。

② 「現に宅地として有効利用されている建築物等の敷地」とは、どんな敷地か

　「現に宅地として有効利用されている建築物等の敷地（例えば、大規模店舗、ファミリーレストラン等）」が、その地域において有効利用されているといえるかどうかは、言葉を代えて言えば、それらの敷地がその地域の土地の標準的使用といえるかどうかで判定するということです。

　したがって、郊外路線商業地域にある大規模店舗やファミリーレストラン等が、この「現に宅地として有効利用されている建築物等の敷地」に該当することになります。

　一方、戸建住宅が連たんする住宅街にある大規模店舗やファミリーレストラン、ゴルフ練習場等は、その地域の標準的使用とはいえないことから、「現に宅地として有効利用されている建築物等の敷地」には該当しません。

> 【コメント】　「郊外路線商業地域」とは、都市郊外の国道や都道府県道等の幹線道路沿いにおいて、店舗、営業所等が連たんしているような地域をいいます。

③ 「公共公益的施設用地」とは、どんな土地か

　イ　都市計画法に規定する「公共公益的施設用地」とは、どんな土地か

　財産評価基本通達24-4《広大地の評価》の本文に定める「公共公益的施設用地」とは、「都市計画法第4条《定義》第14項に規定する道路、公園等の公共施設の用に供される土地及び都市計画法施行令第27条に掲げる教育施設、医療施設等の公益的施設の用に供される土地（その他これらに準ずる施設で、開発行為の許可を受けるために必要とされる施設の用に供される土地を含む。）」をいうとされています。

　したがって、具体的には、教育施設のような大規模なものからごみ集積所のような小規模なものまでが該当することになります。

　ロ　広大地に該当しない「公共公益的施設用地の負担がほとんど生じないと認められる土地」とは、どんな土地か

　一方、広大地評価においては、戸建分譲住宅用地として開発した場合の相当規模の「公共公益的施設用地」の負担が生じる土地を前提にしています。

そのため「公共公益的施設用地」の負担の必要性は、経済的に最も合理的に戸建住宅の分譲を行った場合に、その開発区域内に開設されることになる道路の必要性の有無により判定されることになり、ごみ収集所などのような小規模な施設のみの開設を要する土地は、「公共公益的施設用地の負担がほとんど生じないと認められる土地」に該当することとされます。したがって、ごみ収集所などのような小規模な施設のみの開設を行う土地は、広大地には該当しないこととされます。

ハ 「開発指導等により、道路敷きとして提供する土地」は、どうなるか

建築基準法42条2項《みなし道路》の、いわゆる「2項道路」の規定によりセットバックが必要となる場合のセットバック部分の土地や、セットバックを必要とする土地ではないが、開発行為を行う場合に道路敷きを提供しなければならない土地部分については、開発区域内の道路の開設には当たらないため、広大地には該当しないとされています。

【例示】開発指導等により道路敷きの提供を要する場合

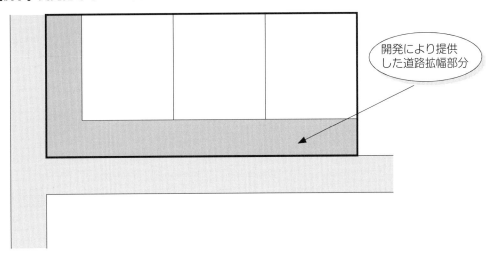

④ 「マンション適地」の判定は、どのようにして行うのか

マンション適地とは、「マンションを建てるのに適した土地」、「既に開発が終了しているマンション・ビル等の敷地用地」であり、新たに公共公益的施設用地を確保する必要がありません。したがって、広大地評価の適用対象地にはなりません。

ところが、戸建住宅とマンションが混在している地域（主に容積率200％の地域）や、容積率が300％以上でありながら戸建住宅が多く存在する地域もあり、その土地の最有効使用を判断することが困難な場合もあると考えられます。

このような場合には、次のことに留意して広大地に該当するかどうかを判定することとされています（「平成16年・情報第2号」、「平成17年・情報第1号」）。

イ 「主に容積率200％の地域」は、広大地に該当するか

評価しようとする土地が課税時期において、マンション等の敷地でない場合に、その土地を

マンション等の敷地として使用することが最有効使用になるかどうかの判定は、その土地の周囲の状況や専門家の意見等を聞いて判断して、明らかにマンション用地に適していると認められる土地《マンション適地》を除き、広大地に該当するとされています。

なお、その評価対象地がマンション適地かどうかの判断基準として、次のような二つの基準を参考とすべきことが、「平成16年・情報第2号」で紹介されています。

> イ　近隣地域又は周辺の類似地域に現にマンションが建てられているし、また現在も建築工事中のものが多数ある場合、つまり、マンション敷地としての利用に地域が移行しつつある状態で、しかもその移行の程度が相当進んでいる場合
> ロ　現実のマンションの建築状況はどうであれ、用途地域・建ぺい率・容積率や当該地方公共団体の開発規制等が厳しくなく、交通、教育、医療等の公共施設や商業地への接近性から判断しても、換言すれば、社会的・経済的・行政的見地から判断して、まさにマンション適地と認められる場合
>
> （『特殊な画地と鑑定評価』掲載文言の抜粋）

□　「容積率300％以上の地域内にあり、かつ、開発基準面積以上の土地」は、広大地に該当するか

一方、容積率が300％以上の地域内にあり、かつ、開発許可面積以上の土地は、戸建住宅の敷地用地として利用するよりも、マンション等の敷地として利用する方が最有効使用と判定される場合が多いことから、原則として、広大地に該当しないこととされています。

ただ、地域によっては、容積率が300％以上でありながら、戸建住宅が多く存在する地域もあります。しかし、このような地域は、都市計画で定められた容積率を十分に活用しているとはいえず、①将来的に戸建住宅を取り壊したとすれば、マンション等が建築されるものと認められる地域か、あるいは、②なんらかの事情（例えば、道路の幅員）によって都市計画法で定める指定容積率を活用することができない地域である、と考えられます（74ページの「基準容積率」参照）。

したがって、この②のような例外的な場合を除いて、容積率で判定することが妥当であると考えられています。

> 【コメント】　広大地に該当しないものとして「平成16年・情報第2号」に例示されている「既に開発を了しているマンション・ビル等」にいうマンションは、広大地の判定基準が容積率300％以上であるものとしていることから、少なくとも3階建てマンションの敷地については、広大地評価の可能性は乏しいと考えられます。

八　今後の問題点

　バブル期にはマンションが建ち並び、一般的な給与所得者には戸建住宅など夢物語であった地域が、最近では、駅から10分圏内の地域であれば、一般的な給与所得者でも何とか手の届く3,000万円程度で、戸建住宅が購入できる地域が増えてきています。いわゆる、逆移行地域です。

　このような地域の土地を評価する場合には、不動産鑑定士に依頼して、「周辺地域は確かにマンションが多いが、最近は戸建分譲住宅が主流である」とする意見書や、「この土地は、戸建分譲住宅用地として開発したものであり、道路・公園などの公共公益的施設用地の負担もしている」といった理由書を付してもらった上で、広大地として評価するといった細やかな配慮が、今後益々、重要になるのではないかと思われます。

⑤　広大地評価の判定のための確認資料の収集

　「広大地評価」の判定上、近年の開発状況を確認するための資料としては、『開発登録簿』が役に立ちます。

　『開発登録簿』は、調書と図面によって組成されており、その登録簿には、開発許可（変更許可、変更の届出）の年月日、予定建築物等の用途、公共施設の種類・位置・区域、開発許可の内容（開発許可を受けた土地における建築等の制限又は開発許可を受けた土地以外の土地における建築等の制限）などが記載され、土地利用計画図が付されています。

　この『開発登録簿』は、都道府県の都市開発審査課・開発指導課など（各自治体によって担当部署の名称が異なります）で、調査したいエリアとその時期等を伝えれば、その資料を無料で閲覧することができます。また、写しの交付を受けたい場合には、請求をすればその写しの交付（有料）を受けることもできます。

　ただし、政令指定都市や中核市、特例市などの開発許可権限が市町村に移譲されている場合には、その市町村役場等が閲覧窓口になります。

　この資料によって、過去10～15年くらいの近隣地の開発状況の推移が確認できれば、マンション適地であるか否かの判断材料ともなりますので、広大地評価が可能であるかどうかの確認資料とすることができます。

　これらの資料によって、評価対象地の近隣地域における広大な空き地の開発状況の推移が確認できれば、さらに、バブル崩壊時（平成2年）の頃と現状の宅地開発状況が異なる地域を抽出して、その地域を蛍光ペンなどで色分けして『住宅地図』上に落とし込んで、前記資料と併せて確認資料とすれば、より説得力のある資料を作成することができます。

⑶　「市街化調整区域内の土地」の評価は、どうなるか

①　「市街化調整区域内の土地」の分類は、どうなっているか

　平成12年の「都市計画法」及び「建築基準法」の改正に伴い、都道府県等が条例で開発許可区域を定め、その区域内の周辺環境の保全上支障がない用途の建築物の建築等を目的とした開

発行為を許可対象とすることができるようになりました。

その結果、市街化調整区域内の土地が、①条例指定区域内の土地と、②それ以外の区域内の土地の二つに分類されました。

イ　条例指定区域内の土地

「条例指定区域内の土地」とは、都市計画法により都道府県が条例で指定した開発許可区域内の土地のことです。具体的には、「市街化区域に隣接し、又は近接し、かつ、自然的社会的諸条件から市街化区域と一体的な日常生活圏を構成していると認められる地域であって、おおむね50以上の建築物が連たんしている地域のうち、都道府県の条例で指定する区域内の土地」をいいます。

この区域内の土地について都道府県知事は、開発区域及びその周辺地域の環境保全上支障がないと認められる用途の建築物の建築等を目的として開発されるものについては、開発を許可することができます。したがって、許可対象区域や建築物の用途等は、各都道府県の条例によって定めることができるため、それぞれの地域によってその内容が異なります。

ロ　イ以外の区域内の土地

一方、上記イ以外の区域内の土地は、原則として、周辺地域住民の日常生活用品の店舗や農林漁業用の一定の建築物などの建築の用に供する目的など、一定のもの以外は開発行為を行うことができないこととされています。

② 広大地に該当するかどうかの判定は、どうするか

市街化調整区域内の宅地については、上記①の規定により、イに該当する「条例指定区域内の宅地」で、かつ、都道府県の条例により戸建分譲住宅の開発行為ができることとされている場合には、広大地に該当することとされています。

しかし、上記①のロに該当する区域内に存する宅地については、広大地には該当しないこととされています。

【コメント】市街化調整区域内の雑種地を、宅地に比準して評価する場合には、上記宅地の評価方法と同様に取り扱うことができることとされています。

7. 広大地の評価は、どうするか **105**

■広大地評価フローチャート

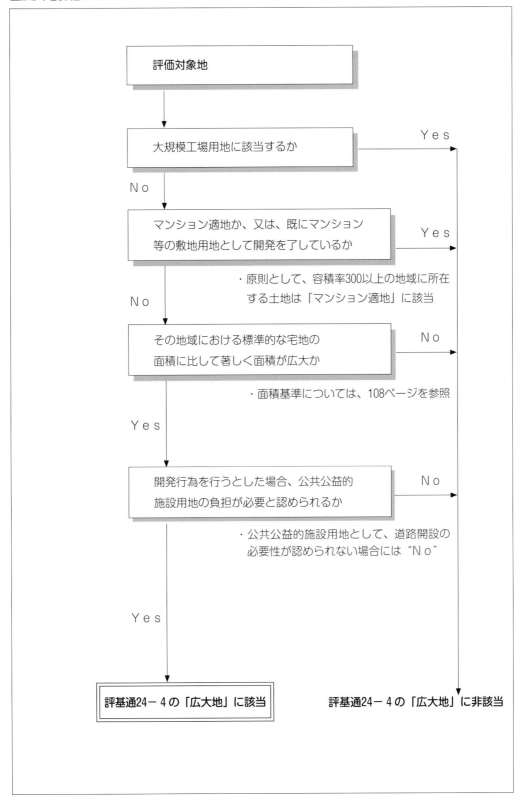

(4) 広大地の評価額の計算は、どうするか

> **財産評価基本通達24-4《広大地の評価》**
> その地域における標準的な宅地の地積に比して著しく地積が広大な宅地で都市計画法第4条《定義》第12項に規定する開発行為（以下本項において「開発行為」という。）を行うとした場合に公共公益的施設用地の負担が必要と認められるもの（22-2《大規模工場用地》に定める大規模工場用地に該当するもの及び中高層の集合住宅等の敷地用地に適しているもの（その宅地について、経済的に最も合理的であると認められる開発行為が中高層の集合住宅等を建築することを目的とするものであると認められるものをいう。）を除く。以下「広大地」という。）の価額は、原則として、次に掲げる区分に従い、それぞれ次により計算した金額によって評価する。
> (1) その広大地が路線価地域に所在する場合
>   その広大地の面する路線の路線価に、15《奥行価格補正》から20-5《容積率の異なる2以上の地域にわたる宅地の評価》までの定めに代わるものとして次の算式により求めた広大地補正率を乗じて計算した価額にその広大地の地積を乗じて計算した金額
> $$広大地補正率 = 0.6 - 0.05 \times \frac{広大地の地積}{1,000㎡}$$
> (2) その広大地が倍率地域に所在する場合
>   その広大地が標準的な間口距離及び奥行距離を有する宅地であるとした場合の1平方メートル当たりの価額を14《路線価》に定める路線価として、上記(1)に準じて計算した金額
> (注) 1 本項本文に定める「公共公益的施設用地」とは、都市計画法第4条《定義》第14項に規定する道路、公園等の公共施設の用に供される土地及び都市計画法施行令第27条に掲げる教育施設、医療施設等の公益的施設の用に供される土地（その他これらに準ずる施設で、開発行為の許可を受けるために必要とされる施設の用に供される土地を含む。）をいうものとする。
>   2 本項(1)の「その広大地の面する路線の路線価」は、その路線が2以上ある場合には、原則として、その広大地が面する路線の路線価のうち最も高いものとする。
>   3 本項によって評価する広大地は、5,000㎡以下の地積のものとする。したがって、広大地補正率は0.35が下限となることに留意する。
>   4 本項(1)又は(2)により計算した価額が、広大地を11《評価の方式》から21-2《倍率方式》までの定めにより評価した価額を上回る場合には、その広大地の価額は11から21-2までの定めによって評価することに留意する。

① 広大地の評価の考え方

国税庁の「平成16年・情報第2号」では、平成16年の広大地評価通達の改正の事情を、次のように述べています。

すなわち、従来の広大地の評価方法で評価額を算出するには、公共公益的施設用地となる部分の地積を算定するために開発想定図等を作成しなければならず、しかも、その作成には専門

的な知識が必要とされ、広大地の評価方法で使用する有効宅地化率の算定に苦慮する事例が多かったことや、財産評価基本通達で定める広大地の評価方法を適用しないで、不動産鑑定評価に基づいて申告や更正の請求を行う事例が目立つようになってきたことなどを踏まえ、収集した最近の鑑定評価事例を基に、1㎡当たりの鑑定評価額が正面路線価に占める割合と評価対象地の地積との関係を統計学の手法（最小二乗法による回帰分析）を用いて分析・検討を加えて、評価の簡便性や安全性にも配慮したうえで、広大地の評価額を算出するための算式を作成した、と広大地通達の改正理由を解説しています。

平成16年の通達改正前の財産評価の実務では、安全性、統一性、簡便性という三つの約束事が必要とされていましたが、これを逸脱する事例が多々あったのではないか、と推測されます。

そこで、不整形地補正率を算定する場合に使用する「かげ地割合」のように、一定の補正率を用いて算定できるように、正面路線価に広大地の地積に応じた「広大地補正率」を乗じて計算する方式が採用されたものであろうと思われます。

② 路線価地域にある広大地の評価は、どうするか

広大地は、原則として、5,000㎡以下の地積のものとし、その広大地の評価額は、その広大地の面する路線のうち最も高い路線の路線価を正面路線価として、奥行価格補正《財産評価基本通達15》から容積率の異なる2以上の地域にわたる宅地の評価《同20-5》までに掲げる各種の画地補正率の適用に代えて、広大地補正率を乗じて計算した価額に、その広大地の地積を乗じて計算した金額とされました。

なお、広大地補正率に小数点以下の端数が生じた場合には、端数調整をしないで、そのままで計算することになっていますので、計算に際しては注意してください。

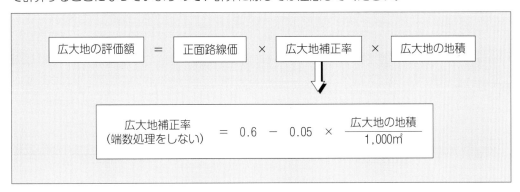

■広大地の地積区分別「広大地補正率」早見表

広大地の地積	広大地補正率	広大地補正率の計算式
1,000㎡	0.55	0.6－0.05×（1,000㎡÷1,000㎡）
2,000㎡	0.50	0.6－0.05×（2,000㎡÷1,000㎡）
3,000㎡	0.45	0.6－0.05×（3,000㎡÷1,000㎡）
4,000㎡	0.40	0.6－0.05×（4,000㎡÷1,000㎡）
5,000㎡	0.35	0.6－0.05×（5,000㎡÷1,000㎡）
5,000㎡超	0.35	0.6－0.05×（5,000㎡÷1,000㎡）

（注）「5,000㎡超」の場合は、納税者の選択により、個別評価によらず、広大地補正率の下限数値である「0.35」を適用することができます。

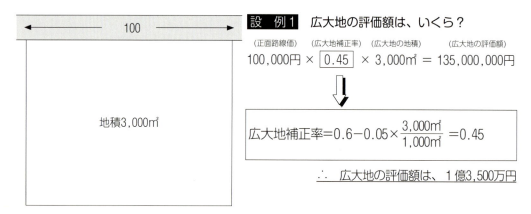

設例1　広大地の評価額は、いくら？

（正面路線価）　（広大地補正率）　（広大地の地積）　　（広大地の評価額）
100,000円 × $\boxed{0.45}$ × 3,000㎡ ＝ 135,000,000円

広大地補正率＝$0.6－0.05×\dfrac{3,000㎡}{1,000㎡}=0.45$

∴　広大地の評価額は、1億3,500万円

③　地積が5,000㎡を超える広大地の評価は、どうするか

　地積が5,000㎡を超える広大地については、原則として、財産評価基本通達5《評価方法の定めのない財産の評価》によって個別に評価することになりますが、納税者の選択により、広大地補正率の下限である「地積5,000㎡の広大地補正率0.35」を適用して評価額を計算することも認められています。

④　2以上の道路に接する広大地の正面路線価の判定は、どうするか

　2以上の道路に接する宅地の正面路線価は、通常、路線価に奥行価格補正率を乗じた後の価額が最も高いものを正面路線価《修正後の正面路線価》として評価額を計算しますが、広大地の正面路線価は、原則として、道路に面している路線価のうち最も高いものを正面路線価として評価額の計算をします（評基通24-4注2）。

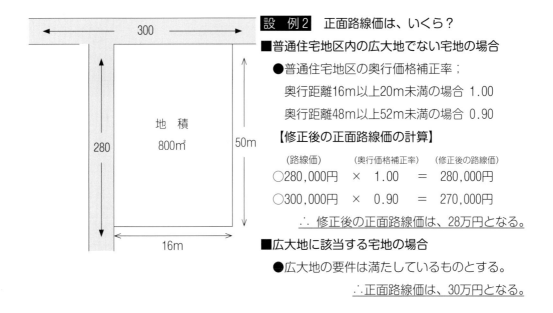

⑤ 倍率地域にある広大地の評価は、どうするか

　広大地が倍率地域にある場合には、その広大地が標準的な間口距離及び奥行距離を有する宅地であるとした場合の1㎡当たりの価額を財産評価基本通達14《路線価》に定める路線価として、上記②の路線価地域にある広大地の評価方法（107ページ）に準じて計算した金額によって評価します。

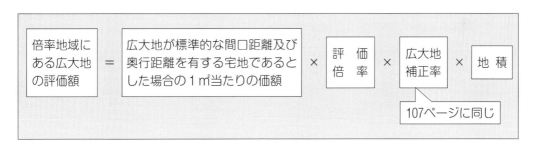

　ここでいう「標準的な間口距離及び奥行距離を有する宅地」とは、評価対象宅地が存する地域の主要な街路に沿接する宅地のうち、奥行、間口、形状等の状況がその地域において、標準的なものと認められる宅地として選定された宅地《標準宅地》のことです。

　したがって、「標準的な間口距離及び奥行距離を有する宅地であるとした場合の1㎡当たりの価額」とは、固定資産税に適用される『固定資産評価基準（総務省告示）』に基づいて付された「標準宅地」の1㎡当たりの評点数《標準地評点価格》のことです。

設例3　倍率地域にある広大地の評価額は、いくら？

○A宅地（評価対象地）は、評価倍率1.1倍の倍率地域にある。
○A宅地の地積：1,200㎡
○A宅地の近隣にある「標準的な間口距離及び奥行距離を有する宅地であるとした場合の1㎡当たりの価額」（標準地の価格《標準地評点価格》）：50,000円
●A宅地は、広大地の要件をすべて満たしているものとし、この広大地を右図のように開発するものとする。

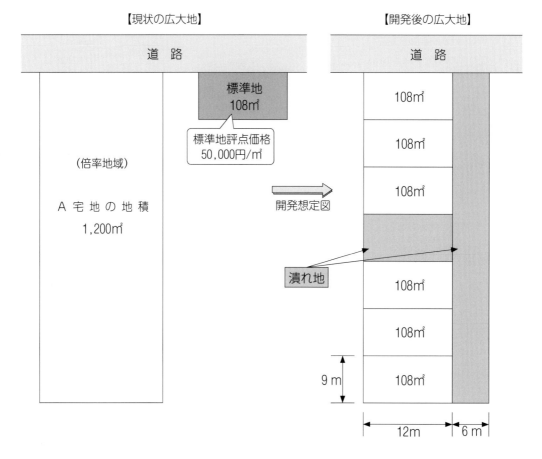

■A宅地の広大地評価額の計算

① 標準的な間口距離・奥行距離を有する宅地とした場合のA宅地の1㎡当たり固定資産税評価額

（標準地標点価格）　　（A宅地の評価倍率）　　（A宅地の1㎡当たり固定資産税評価額）
　50,000円　　×　　　1.1　　　＝　　　55,000円

∴　この55,000円をA宅地の正面路線価とする。

② 地積1,200㎡の広大地補正率の計算

$$0.6 - 0.05 \times \underbrace{(1{,}200㎡ \div 1{,}000㎡)}_{\text{（A宅地の地積÷1,000㎡）}} = \underset{\text{（広大地補正率）}}{\underline{0.54}}$$

> 【参考】この【設例3】の「道路等の潰れ地割合」の計算
> ・道路等の潰れ地割合＝　1　－　広大地補正率
> 　　　　　　　　　　＝　1　－　0.54
> 　　　　　　　　　　＝　0.46
> 　∴　道路等の潰れ地＝1,200㎡×0.46＝552㎡

③　A宅地1,200㎡の広大地の評価額

　（A宅地の正面路線価）　　（広大地補正率）　　（A宅地の地積）　　（A宅地の評価額）
　　55,000円　　×　　0.54　　×　　1,200㎡　＝　35,640,000円
　　　　　　　　　　∴　広大地の評価額は、3,564万円

⑥　広大地補正率を適用した評価額が通常の評価方式による評価額を上回る場合は、どうするか

　広大地補正率を適用して計算した評価額が、広大地を通常の評価方式（財産評価基本通達11《評価の方式》から21-2《倍率方式》まで）の定めによって評価した価額を上回る場合には、広大地補正率を適用しないで、通常の評価方式の定めによって計算した価額を、その広大地の評価額とします。

⑦　広大な市街地農地等、市街地山林及び市街地原野を宅地に転用すると、どうなるか

　従来の取扱いでは、財産評価基本通達上の広大地は、その適用対象地目を原則として「宅地」としていましたが、造成費さえ投入すればいつでも宅地になる、いわゆる、広大な市街地農地や市街地周辺農地、市街地山林、市街地原野についても、広大な戸建分譲住宅用地として活用する場合には、道路、公園等の公共公益的施設用地の提供を行うことになるため、これらの土地が広大地の定義に該当するときには、広大地として評価することができることが、改正によって明確化されました。

　なお、広大な市街地農地や市街地周辺農地、市街地山林、市街地原野について、広大地として評価する場合には、不整形地補正率などの各種補正率は適用できませんし、宅地造成費の支出が必要とされる場合でも、宅地造成費を別途控除することはできません。

　例えば、従来は、市街地農地を宅地に転用する場合には、宅地に転用するために通常必要と認められる1㎡当たりの整地費、土盛費、土止費、傾斜地の場合に傾斜度に応じて認められる傾斜度別造成費などの造成費を控除することができましたが、今回の広大地評価通達の改正により、市街地農地等を広大地として評価する場合には、広大地補正率だけを適用し、造成費控除はしないこととされました。

　なお、その評価対象地が市街地周辺農地である場合には、次の算式で評価した価額の100分の80相当額によって評価することになります。

> 広大な市街地農地等の評価額　＝　正面路線価　×　広大地補正率　×　地積
> 　　　　　　　　　　　　　　　　　　　　　　　　　　　　（造成費は、別途控除しない）
>
> （注）　1．広大地に該当する市街地農地等について正面路線価、広大地補正率及び地積の三要素を用いて評価した金額が、その市街地農地等につき宅地比準方式によって評価した金額を上回る場合には、その市街地農地等は宅地比準方式によって評価する。
> 　　　　2．評価対象地が「市街地周辺農地」である場合には、上記評価額の「80／100」とする。

⑧　広大地が生産緑地・市街化調整区域内にある場合の評価は、どうするか

　生産緑地の指定は、市街化区域内にある農地等《市街化区域農地》について行われます。この市街化区域農地の価額は、「宅地比準方式」によって評価されています。

　生産緑地については、たとえ生産緑地自体は、建築物の建築や宅地造成などの行為が制限されているにしろ、宅地として開発することが前提とされていますので、この宅地として開発することを前提に形成されている価額を基礎にして、生産緑地の評価を行うべきものと考えられます。

　したがって、生産緑地の評価は、その評価の基となる市街地農地の評価における「その農地が宅地であるとした場合の価額」の計算において、広大地補正率を適用することができます。

　一方、市街化調整区域内にある広大地については、財産評価基本通達に定める広大地の評価方法が、開発行為を通じて宅地化を図ることを前提とした評価方法であるため、本来、市街化（宅地化）を抑制すべき区域とされている市街化調整区域にあっては、原則として、その適用がなじまないものと考えられます。

　（注）　宅地比準方式とは、その農地が宅地であるとした場合の価額から宅地造成費相当額を控除した価額により計算する方式です。

⑨　市街地雑種地は、広大地の評価対象となるか

　国税庁の「平成16年・情報第2号」では、広大な市街地農地や市街地周辺農地、市街地山林、市街地原野が広大地に該当する場合には、広大地として評価することとされていますが、広大な市街地雑種地については、なんら触れられていません。その理由は、雑種地とは種々雑多な土地で、何に最も適している土地であるかが、即断できないという点にあるのではないかと思われます。

　雑種地は、その土地が最も近似しているのはどんな土地か、ということを基本とした「近似土地比準方式」によって評価しますが、市街地農地や市街地周辺農地、市街地山林、市街地原野は、基本的には宅地に転用することを前提として、「宅地比準方式」によって評価します。

　このように雑種地は、「近似土地比準方式」によって評価するため、広大地補正率の適用対象地（地目）に加えられていないのであろうと思われ、近似土地の地目に係る評価通達の定めを準用して計算することになります。

したがって、例えば、その土地が広大地の条件を具備する宅地に近似する雑種地である場合は、評基通24-4の定めを準用して評価することになります。

(5) 計算例で考える広大地の評価
① 平成16年6月の通達改正で広大地の評価方法は、どう変わったか

広大地評価の取扱いは、平成15年12月31日までは通常の宅地の評価額について用いられる「奥行価格補正率」に代えて、「有効宅地化率」を用いて画地補正を行って評価することとされていましたが、平成16年6月4日の財産評価基本通達の改正に伴い、正面路線価に広大地補正率を乗じた金額に広大地の地積を乗じるだけで計算が完了するシンプルな計算方式になっています。

■通常の宅地と広大地の評価方法の比較

区分		宅地の評価方法
通常の宅地	路線価地域にある宅地	正面路線価 × 奥行価格補正率 × 各種補正率 × 地積
	倍率地域にある宅地	固定資産税評価額 × 倍率
広大地	H15.12.31までの評価の取扱い	正面路線価(注) × 有効宅地化率(奥行価格補正率に代替) × 各種補正率 × 地積 $$\text{有効宅地化率} = \frac{\text{広大地の地積} - \text{公共公益的施設用地部分の地積}}{\text{広大地の地積}}$$
	H16.1.1以後の評価の取扱い	正面路線価(注) × 広大地補正率 × 地積 $$\text{広大地補正率} = 0.6 - 0.05 \times \frac{\text{広大地の地積}}{1,000㎡}$$

(注) 倍率地域にある宅地の場合は、上記「正面路線価」を次のように読み替えます。

標準的な間口距離及び奥行距離を有する宅地であるとした場合の1㎡当たりの固定資産税評価額 × 宅地の評価倍率

② 広大地として「評価した場合」・「しなかった場合」で、評価額はどれだけ違うか

広大地評価通達の改正によって、広大地として評価するか・しないかで、評価額に大きな違いが生じると言われています。そこで、事例を掲げて比較・検討してみます。

(注) 財産評価基本通達24-4は、「…次により計算した金額によって評価する。」と定めていますので、広大地の条件を満たす土地は、同通達を適用して評価しなければなりません。

設 例4 通常の宅地の評価額と広大地評価額の軽減額の違い

三大都市圏以外の市街化区域の「普通住宅地区」にある900㎡の宅地の評価と、隣地100㎡を買増しして1,000㎡の宅地とした場合（広大地の要件を満たしているものとします）の評価額を比較すると、どうなりますか？

○路線価　　　　　；　100千円
○奥行価格補正率　；　0.98
（普通住宅地区、奥行25mの場合）

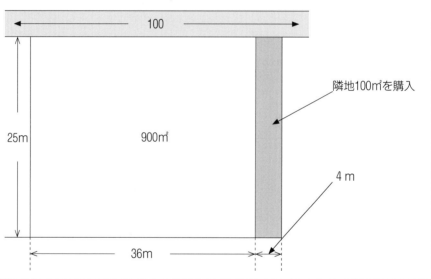

【計算の結果】

① 通常の宅地として評価する場合

　　　　　　　　　　(路線価)　　　　　(奥行価格補正率)　　(評価対象地の地積)　　　　(評価額)
　宅地の評価額＝100,000円　×　　0.98　　×　　900㎡　　＝　<u>88,200千円</u>

② 隣地買増後、広大地として評価する場合

　○隣地買増後、1,000㎡の広大地として評価した場合

　　i) 広大地補正率の計算

　　　広大地補正率＝0.6 － 0.05 ×(1,000㎡÷1,000㎡) ＝ 0.55（端数処理をしない）

　　　　　　　　　　(路線価)　　　　　(広大地補正率)　　(評価対象地の地積)　　　(評価額)
　　ii) 宅地の評価額＝100,000円　×　　0.55　　×　　1,000㎡　　＝　<u>55,000千円</u>

　○隣地買増後、本来の所有地部分900㎡を広大地の一部とみなして評価額を計算した場合

$$\text{宅地の評価額}=\underset{\text{(路線価)}}{100,000円} \times \underset{\text{(広大地補正率)}}{0.55} \times \underset{\text{(評価対象地の地積)}}{900㎡} = \underset{\text{(評価額)}}{\underline{49,500千円}}$$

(注) 広大地補正率は、上記と同じとします。

■計算結果の検討

　評価対象地900㎡を、宅地として通常の路線価方式で評価した場合の評価額(8,820万円)と、広大地であるものとみなして評価した場合の評価額(4,950万円)の差額は、3,870万円（8,820万円－4,950万円）となり、評価額に約1.8倍弱の違いが生じています。

　実際には、隣地買増後の1,000㎡が広大地としての計算対象面積となりますが、同一の評価対象地でありながら、普通住宅地区の宅地900㎡を通常の路線価方式によって計算する場合よりも、3,320万円（8,820万円－5,500万円）も評価額が低くなります。

> 【コメント】　広大地に該当する土地を生前に取得しておけば、時価と相続税評価額との開きが大きいため、相続税評価額の軽減に役立つものと思われますが、今後の実務においては、このような行為と租税回避との関係について、十分な検討が必要であるものと思われます。

> **設例5**　賃貸住宅を建設した場合の相続税の軽減効果
> 　○財産内容
> ・土　　　地；自用地評価額10,000万円（奥行価格補正率を1.00とします）
> 　　　　　　　（通常の評価額による評価・広大地に該当しないものとします）
> 　　　　　　借地権割合60％、借家権割合30％、賃貸割合100％
> ・現　　　金；30,000万円
> ・その他財産；5,000万円
> 　土地の上に、現金2億円で3階建てのマンションを建築しました（固定資産税評価額は、1.2億円とします）。
> 　なお、推定相続人は長男・長女の2人とします。

【計算の結果】

(1) 広大地に該当する場合（地積は1,000㎡とします）の建築前の土地の相続税評価額

　　　10,000万円×0.55（広大地補正率）＝5,500万円

(2) 広大地に該当しない場合

　① 土地の評価（貸家建付地）

$$\underset{\text{(自用地評価額)}}{10,000万円} - \underset{\text{(自用地評価額)}}{10,000万円} \times \underset{\text{(借地権割合)}}{60\%} \times \underset{\text{(借家権割合)}}{30\%} \times \underset{\text{(賃貸割合)}}{100\%} = \underline{8,200万円}$$

　② マンションの評価（貸家）

$$\underset{\text{(自用家屋評価額)}}{12,000万円} - \underset{\text{(自用家屋評価額)}}{12,000万円} \times \underset{\text{(借家権割合)}}{30\%} \times \underset{\text{(賃貸割合)}}{100\%} = \underline{8,400万円}$$

(単位：万円)

	建 築 前		マンション建築後 ③	相続税の軽減効果	
	広大地非該当 ①	広大地該当 ②		③－①	③－②
土　　　地	10,000	5,500	8,200		
マンション	—	—	8,400		
現　　　金	30,000	30,000	10,000		
その他財産	5,000	5,000	5,000		
課 税 価 格	45,000	40,500	31,600	△13,400	△8,900
相 続 税 額	11,800	10,000	6,440	△5,360	△3,560

【計算結果の検討】

　この土地が広大地評価の適用を受けることができる場合には、マンションの建築により土地の評価額はアップします。広大地に該当しない場合と比較すると、マンション建築後の相続税の節税効果は薄れます。ところが、建築総額が小さい３階建てマンションを建築することにより相続税評価額が逆にアップすることも想定されます。したがって、このような場合には、税効果を事前に十分検討する必要があります。

【コメント】　平成16年の広大地評価通達の改正により、広大地補正率が簡単に算定できることになったため、広大地評価額の計算自体は簡素化されて、非常に楽になりました。

　ところが、従来は、開発指導要綱に基づいて作成された「開発想定計画図」を基礎として、評価対象地を広大地として評価することができましたが、評価通達の改正により、この「開発想定計画図」の添付が不要になったため、実務としては、広大地の評価額を計算する前段階において、従前以上に評価者サイドで、広大地に該当するか否かの判定を行わなければならなくなりました。

　広大地であるか否かの判定の違いによって、その評価額に大きな差異が生じるだけに、その判断が重要になりました。したがって、これからは形式基準に依存するのではなく、自分の目で実際に評価する土地を確認し、広大地に該当するか否かの検証を行う必要があります。

　国税庁の「情報」においても、移行地域についてのマンション適地か否かの判断の難しさに触れていますが、確かに、通達改正によって広大地の計算自体は簡単になったものの、広大地の判定、とりわけ、移行地域の広大地の判定は難しく、広大地になるかならないかによって、その評価額の上下差が大きくなるだけに、今後益々、利用状況の現況判断をしっかりと行うことが重要になってくると思われます。

第Ⅲ編　接道義務と宅地の評価Q＆A
―― セットバック・私道・里道・不整形地など ――

どうなる？

特殊な宅地と道路との関係が宅地の評価にどのように影響しているかについて、セットバック・私道・里道・不整形地など問題の多い評価上の取扱いを中心に、具体的な事例に基づいて、Q＆A方式で検討してみました。

なお、以下の事例で道路の幅員を記載していない道は、すべて4m以上あるものとします。

【問題点のまとめ】
まず、実務上、疑義の多い問題点をまとめておきます。

Q1／公道は、すべて4m以上の幅員があるか。 → すべてとはいえない。
　　幅員4m未満の公道として、旧道、建築基準法42条3項《既存道路》、同附則5項道路《旧市街地法による指定建築線》などがある。

Q2／私道でも、2項道路《みなし道路》として指定できるか。
　　　　　　　　　　　　　　　　　　　　　　　　→ できる。

Q3／里道（農道）は、セットバックできるか。 → できない。

Q4／水路（蓋をして暗渠となっている）は、セットバックできるか。
　　　　　　　　　　　　　　　　　　　　　　　　→ できない。

Q5／宅地以外の土地で市街地農地は、セットバックできるか。
　　　　　　　　　　　　　　　　　　　　　　　　→ できる。

1. こんな場合はどうなる？ セットバックの判定Q&A

　建築基準法施行の際又はその区域が都市計画区域に指定された際に現に建物が立ち並んでいる道路幅員4ｍ未満（平成4年以後に市町村長又は都道府県知事《特定行政庁》が指定する一定区域内においては、6ｍ未満）の道路を、特定行政庁の指定によって建築基準法上の道路《2項道路又はみなし道路》とし、既存の建築物は特別に違法建築とはみなさないこととされました。

　ただし、将来、その建物を建て替える際には、道路の中心線から2ｍ(又は3ｍ)ずつ後退《セットバック》して建物を建てなければならないこととされています。

　では、次の事例のような場合は、セットバックが必要になるのでしょうか。

Q 1 私道（認定外道路）に面する宅地のセットバックは？

　私道（幅員2ｍ）に接して建っている建物は、戦前に建てられたもの《既存不適格建築物》ですが、この建物は建て替えることができますか。また、その場合、セットバックが必要ですか。

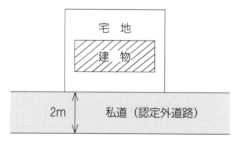

A

　戦前に建てられた建物とのことなので、建築当時の事情は不明ですが、現状のままでは、この宅地には、建物を建築できません。したがって、この建物は既存不適格建築物ということになり、しかも、宅地が接する道路は認定外道路ですから、この建物の建替えもできません。

　ただし、この私道が2項道路として認定を受けるのであれば、当然、セットバックをすれば、建物を建て替えることができます。

　なお、この私道について2項道路の認定を受けて、建物の建替えをしようとする場合には、その道路に接する土地所有者全員の同意書の提出を要求する市もありますので、このような宅地についての特定行政庁での対応の仕方を確認しておく必要があります。

2 公道と2項道路に面している宅地のセットバックは？

4mの公道と2項道路に面している角地にある宅地の場合、セットバックは必要ですか。

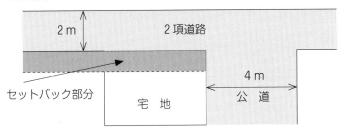

4mの公道に面している部分については、基本的にはセットバックは不要と判断されます。

ただし、2項道路に接する部分については、過誤を防ぐ意味においても、セットバックの条件について、特定行政庁で確認しておく必要があります。

3 公道に囲まれた敷地内に通抜け私道がある宅地のセットバックは？

どの宅地も公道に面していますが、その間に私道がある場合、私道からのセットバックが必要でしょうか。

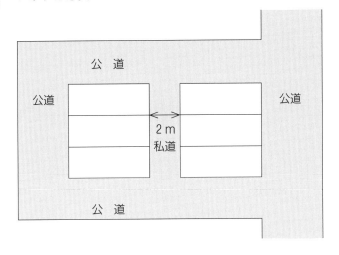

すべての評価対象地が公道に面していますので、私道については、2項道路として認定されていない可能性があります。

私道に面する住民の利害関係や利便性から、全住民がセットバックの必要性を申し出る（申出私道）場合には、2項道路として認定されることもあり得ます。

もっとも、すべての評価対象地が公道に面していますので、通常は、私道の拡幅を必要とする特段の理由がない限り、認定申請も行わないでしょう。したがって、この事例のような場合は、原則として、私道のセットバックは必要ありませんし、セットバックを要する宅地としての評価減の適用もありません。

4 通抜けの「L字型私道のみに面する宅地」のセットバックは？

L字型の通抜け私道がある場合、その私道についてセットバックが必要でしょうか。

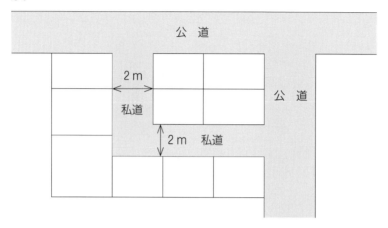

私道のみに面する土地所有者が存在するので、まず特定行政庁で、2項道路の認定を受けている私道か否かを確認する必要があります。その結果、その私道が認定道路であれば、セットバックが必要となります。

5 公道に通じる2項道路にのみ接する宅地のセットバックは？

公道に通じる2項道路に面してA～Dの宅地がある場合、2項道路にのみ接するB宅地とC宅地だけがセットバックすればよいのですか。それとも、A～Dの全宅地のセットバックが必要なのでしょうか。

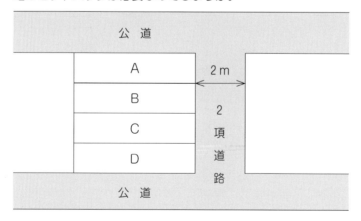

2項道路にのみ接するB宅地とC宅地は、当然セットバックが必要ですが、公道にも接するA宅地とD宅地についてもセットバックが必要と判断されます。

なお、実務では、誤認を防ぐ意味においても、セットバックの条件について、特定行政庁で確認しておく必要があります。

6　所有地を提供して道路位置指定を受けた宅地のセットバックは？

A宅地、B宅地、C宅地の所有者が、それぞれの所有地を提供して幅員4m、長さ32mの道路として建築基準法42条1項5号の「道路位置指定」を受けています。

各宅地の所有者が建物を建てる場合、セットバックは必要でしょうか。また、位置指定道路として提供した私道部分a～cの評価は、どうなるのでしょうか。

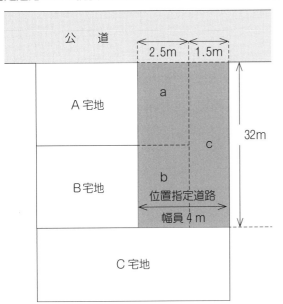

【コメント】
　幅員4m、長さ32mの道路用地は、各宅地の所有者が、次の部分を私道として提供したうえで、道路位置指定を受けたものです。
　a＝A宅地所有者が提供した私道部分
　b＝B宅地所有者が提供した私道部分
　c＝C宅地所有者が提供した私道部分

A　位置指定道路は、特定行政庁が指定する建築基準法42条1項5号に該当する道路ですから、たとえ、宅地前面の道路が私道を提供したものであっても、幅員4m以上の道路に宅地が2m以上接するという要件を満たしていれば、接道義務を満たすことになります。したがって、公道に接するA宅地は当然として、B宅地もC宅地も、セットバックの適用はありません。

　また、各宅地の評価額は、それぞれの自用地部分の評価額と位置指定道路として提供した私道部分の評価額《自用地評価額の3割相当額》の合計額となります。

　各所有宅地の評価額　　　　　提供した私道の評価額
　　《自用地評価額》　　＋　　《自用地評価額の3割相当額》

【コメント】
　「位置指定道路」は、原則として、両端が他の道路に接続したものとされています。ただし、袋地状道路（上図のような行止りの道路）の場合は、原則として、道路幅員が6m以上のもの、例外として、既存の幅員6m未満の道路に接続する道の場合は、その延長が35m以下のものであれば、道路位置指定を受けることができます（157ページの(3)の①参照）。

7 一部にセットバック完了済の宅地がある場合の評価は？

2項道路の認定を受けた道路に面する宅地のうちに、既にセットバック完了済の宅地がある場合、そのセットバック完了済の宅地の評価はどうすればよいのでしょうか。

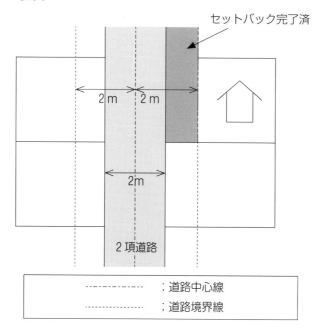

2項道路の指定がある場合には、その道路に面する宅地のすべてについてセットバックしなければなりません。

なお、このセットバック完了部分の土地は、通常の私道としてその現況により、「特定の者が通行の用」に供する私道として「自用地評価額の3割相当額」で評価するか、あるいは「不特定多数の者が通行の用」に供する私道として「評価の対象外《ゼロ評価》」とすることになります。

2. こんな場合はどうなる？ 私道の評価Q&A

　私道とは、私有地である宅地に設けられたその所有者（又は占有者）以外の者の通行の用に供する道路法の規制を受けない道路をいいます。
　この私道については、不特定多数の者が通行する公共性の高い「通抜け私道」と、特定の者だけが通行する公共性の低い「行止り私道」に区分して判定されています。
　財産評価においては、公共性の高い「通抜け私道」は、私有物として自由な処分ができないことから、私道の価額は評価しないこととされています。一方、公共性の低い「行止り私道」については、敷地の一部とみなし、原則として、通常の自用地評価額の3割で評価することとされています。
　では、次の事例のような場合は、どうなるのでしょうか。

8　専用道路的役割を持つ土地の評価は？

　貸家の居住者だけが、貸家への出入り用の通路としてもっぱら利用されている土地は、私道として評価すればよいのでしょうか。

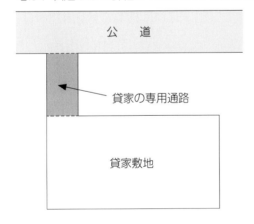

　建物の賃貸借契約を締結し、その引渡しを受けることにより、借家人は、その建物と敷地を排他的に使用・収益する権利を取得します。
　我が国の民法は、建物と土地とを別個の不動産としているため、この借家人の建物利用権を「借家権（評基通94）」といい、その敷地利用権を「借家人の有する宅地等に対する権利（評基通31）」といいます。
　お尋ねの貸家の敷地は、この路地状部分の土地によって公道に通じており、幅員が狭いために通路以外の用途に供することもできず、住人の専用通路になっていると考えられ、これが路地状の土地であるために、私道に類似しています。
　しかし、第三者がこの土地の通行権を有している場合は、この路地状土地は私道に該当しますが、貸家の住人は、「借家人の有する宅地等に対する権利」に基づいてこの専用通路を利用

しているに過ぎず、第三者には該当しません。

したがって、この通路部分の土地は、貸家の敷地に含めて、敷地全体を貸家建付地として評価することになります。

【コメント】

次のような立地条件の貸家の敷地と比較をすれば、お尋ねの専用通路は、単にその形状が私道に類似しているに過ぎないということが理解できるかと思います。

なお、私道として認められる例については、160ページのBの解説を参照してください。

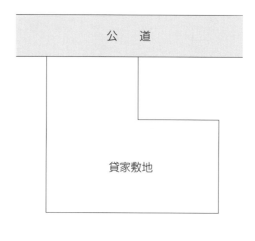

Q ### 9 貸宅地内にある行止り私道の評価は？

貸宅地内にある行止り私道は、どのように評価すればよいのでしょうか。

	公　道	
貸宅地 A	行止り私道	貸宅地 B
貸宅地 C		貸宅地 D
貸宅地 E		貸宅地 F

A 貸宅地内にある行止り私道の評価は、まず、その私道を貸宅地（借地権の目的となっている宅地）として評価した場合の価額を求め、次に、その評価額に私道（特定の者の通行の用に供されている私道）としての30％相当額を乗じて評価します。

■原則法による場合(私道を1画地の宅地として評価する場合)

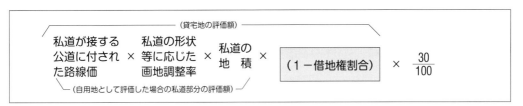

なお、実務ではこのような私道に路線価は付されていないことが多いため、貸宅地C～Fを評価する上で必要であるとして特定路線価を設定してもらい、次の簡便法により、その特定路線価を基にして計算した貸宅地の価額の30％相当額によって評価することも可能です。

■簡便法による場合(私道に設定された「特定路線価」により評価する場合)

$$\text{特定路線価} \times \text{私道の地積} \times (1-\text{借地権割合}) \times \frac{30}{100}$$

【コメント】
　貸家建付地内にある行止り私道の評価についても、その私道を貸家建付地として評価した価額(特定路線価を基に計算した場合も含みます)に、さらに私道(特定の者の通行の用に供されている私道)として30％を乗じて評価することになります。
　(注)「貸家建付地の評価」については、Q10の算式(次ページの②)参照。

 10　貸宅地と貸家建付地が混在する地区内にある私道の評価は？

　貸宅地と貸家建付地が混在する宅地内に私道がある場合、この私道については、どのようにして評価すればよいのでしょうか。
　なお、この場合、貸宅地A及び貸家建付地Dの居住者は、この私道を利用していません。

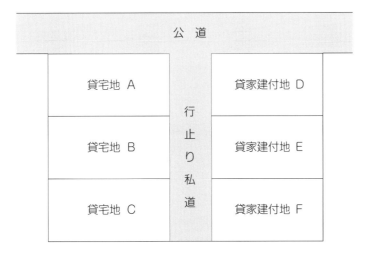

貸宅地と貸家建付地が混在する宅地内にある私道の評価は、まず、自用地とした場合の私道全体の評価額(自用地評価額)を求め、次に、その評価額を貸宅地B及びCと貸家建付地E及びFの地積の比率に応じて按分し、その私道の評価額を算出することが合理的であると考えられます。

なお、貸宅地A及び貸家建付地Dについては、その居住者は、この私道を利用していないので、地積の比率の算定の基礎からは除外します。

① 貸宅地（B＋C）として評価する私道の評価額

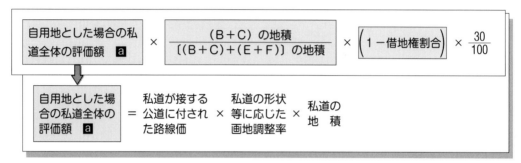

② 貸家建付地（E＋F）として評価する私道の評価額

11 売却済の宅地内に残った私道の評価は？

分譲地内の宅地は、すべて完売となりましたが、袋地状の行止り私道だけが残ってしまいました。この私道は、どのように評価すればよいのでしょうか。

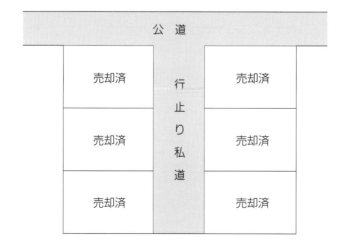

上記のような状況で、なおかつ、次に掲げる二つの要件に該当する場合には、この私道には、財産的価値がないものと考えられますので、評価の対象としなくても差し支えないものと考えられます。

① その私道の利用者等に有償で譲渡できる見込みがないこと
② 私道を利用させることによる対価(賃料等)の授受がなく、また、その見込みもないこと

12　袋地状の行止り私道の奥に公民館がある場合の私道の評価は？

　袋地状の行止り私道ですが、その奥に公民館があります。そのため、私道に面する宅地の居住者以外の人達も出入りする通路となっています。
　このような私道の評価は、どうすればよいのでしょうか。

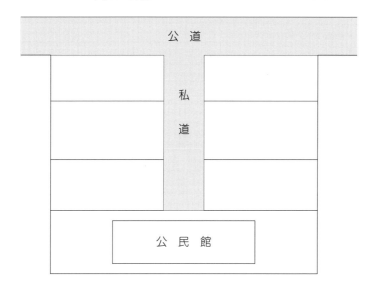

　財産評価基本通達24《私道の用に供されている宅地の評価》においては、「不特定多数の者の通行の用に供されている」とは、現に、その私道が不特定多数の者の通行の用に供されている場合を規定しているだけで、その私道が、通抜け私道であるか、行止り私道であるかは明記されていません。
　したがって、行止り私道の形態をとっていても、不特定多数の者の通行の用に供されている私道である場合には、その私道の価額を評価しないケースもあります。
　国税庁ホームページ「質疑応答事例」は、私道の価額を評価しない場合の具体例として、次のようなものを掲げています。

① 公道から公道へ通り抜けできる私道
② 行き止まりの私道であるが、その私道を通行して不特定多数の者が地域等の集会所、地域センター及び公園などの公共施設や商店街等に出入りしている場合などにおけるその私道
③ 私道の一部に公共バスの回転場や停留所が設けられており、不特定多数の者が利用している場合などのその私道

　この事例の場合は、行止り私道の形態をとっていても、私道の奥に「公共施設」としての「公民館」がありますので、不特定多数の者の通行の用に供されている私道として、この価額を評価する必要はありません。

13 「コの字型」の通抜け私道の評価は？

Q 「コの字型」の通抜け私道ですが、その利用者は、私道の所有者と私道に面した宅地の居住者が中心で、時折A〜F以外の近隣の居住者などが訪れる程度です。このような私道の評価は、どうすればよいでしょうか。

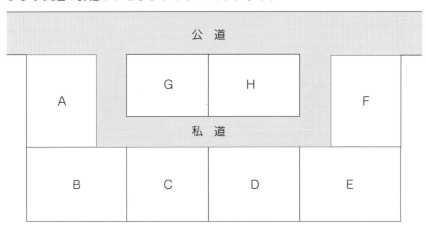

A 通抜け私道は、一般的に公道と他の公道とを接続するものが多く、通常、不特定多数の者の通行の用に供されています。コの字型の私道も、公道から公道へ通り抜けていますから、評価上も、公道と同じくらい公共性が高いと考え、その私道を評価しないこととしているものと考えられます。

【コメント】　自用地、貸宅地、貸家建付地の評価方法は、次のページ参照。
① 「貸宅地」だけである場合の私道の評価　　→　124ページ（Q9）参照。
② 貸宅地と「貸家建付地」がある場合の私道の評価　→　125ページ（Q10）参照。

また、自用地や貸宅地、貸家建付地が混在している場合には、まず、自用地とした場合の私道全体の評価額(自用地評価額)を求め、次に、その評価額に、その評価対象宅地全体の地積に対する自用地、貸宅地、貸家建付地の地積の比率に応じて按分し、その私道の評価額を算出することが合理的であると考えられます。

① 自用地として評価する私道の評価額

② 貸宅地として評価する私道の評価額

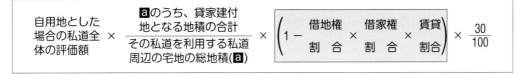

③ 貸家建付地として評価する私道の評価額

自用地とした場合の私道全体の評価額 × ａのうち、貸家建付地となる地積の合計 / その私道を利用する私道周辺の宅地の総地積(ａ) × (1 − 借地権割合 × 借家権割合 × 賃貸割合) × 30/100

【コメント】
　上記の私道の評価額を計算する場合には、私道について「特定路線価」の設定を申請し、「自用地とした場合の私道全体の評価額＝私道の特定路線価×私道の地積」によって私道の評価額を計算することもできます。

【コメント】
●固定資産税が非課税となっている私道で、倍率方式で評価する必要がある場合は、どうなるか
　固定資産税の課税上は非課税の私道でも、相続税の課税上は私道としての評価が必要な行止り私道などの場合には、近傍宅地の固定資産税評価額を基に、私道の固定資産税評価額《近傍宅地の平米単価×私道の地積》を求めたうえで、上記の算式で評価します。
●私道を考慮して固定資産税評価額が低く設定されている場合は、どうなるか
　私道を考慮して固定資産税評価額が低く設定されているような場合は、既に私道としての評価上の斟酌がなされていると考えられますので、原則として、「30％の減額評価」は適用できないものと考えられます。
　ただし、私道についての評価上の斟酌がなされていないと考えられる場合には、「30％の減額評価」が適用できます。

相続時の作業手順

① **相続人からの状況確認**

　過去からの経緯、現在の利用状況等（利用者の確認等）の確認をします。

② **資料収集**

　住宅地図、公図、地積測量図（あれば）、土地登記簿謄本等の確認をします。

③ **現地確認**

　現在の利用状況（利用者は、特定者か不特定多数の者か）、通抜けか行止りか等の形状の区別、自用地・貸地・貸家建付地等の区分、簡易測量等による確認をします。

④ **役所での確認**

　接道の有無、位置指定の許可、建築基準法43条1項ただし書の許可等の確認をします。

⑤ **評価**

　本項目の内容を踏まえて評価します。

⑥ **その他**

　評価上、特定路線価の申請が必要な場合は、その申請をします。

14 「持出し部分」がある場合の私道の評価は？

Q 現況は、不特定多数の者の通行の用に供されている通抜けの私道ですが、この私道は、宅地の所有者であるA～Dが各々私道として提供したものです。

ただし、公簿上には、隣地との境界線《境界ポイント》が明示されているだけです。このような私道の持出し部分の評価は、どうすればよいのでしょうか。

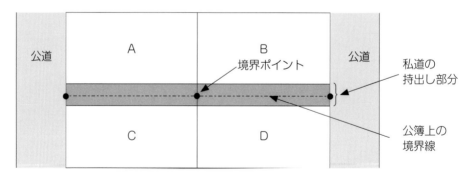

A 私道部分は、現に不特定多数の者の通行の用に供されていることから、持出しの私道部分は、私道として評価する必要はないものと考えられます。

なお、私道として提供されている部分が公簿上の地積に含まれている場合には、その私道の提供者であるA、B、C及びDの敷地を評価する際には、私道として提供されている持出し部分の地積は、評価対象地の地積から控除して評価する必要があると考えられます。

15 宅地の側方が通抜け私道に接する場合の側方路線影響加算は？

宅地の正面が公道に面し、その側方が通抜け私道に接している宅地を評価する場合、側方路線影響加算の適用はありますか。

なお、私道は建築基準法上の道路とされています。

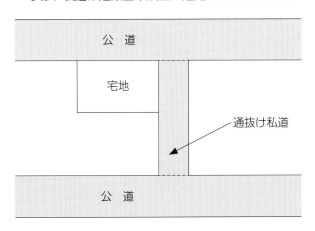

この事例の宅地を評価する場合の側方路線は、通抜け私道ですが、この私道は、「不特定多数の者の通行の用」に供される公共性の高いものであるため、公道と同様に扱われ、私道の価額は、評価しないことになります。

したがって、この宅地は、通常どおりの評価を行うことになりますので、次の算式により側方路線影響加算を行って評価する必要があります。

■側方路線影響加算を行う宅地（正面と側方に路線がある宅地）の評価額の計算

イ　正面路線の判定　⇒公道と通抜け私道の各路線価に、それぞれ奥行価格補正率を乗じて求めた1㎡当たりの価額の高い方の路線を正面路線とする。 ロ　イの正面路線価×奥行価格補正率（1㎡当たり） ハ　側方路線価×奥行価格補正率×側方路線影響加算率（1㎡当たり） ニ　(ロ＋ハ)×地積

16 宅地の側方が行止り私道である場合の側方路線影響加算は？

行止りの私道に接する宅地A～Cがある場合、これらの宅地の評価額の計算方法と、その場合の側方路線影響加算の適用の有無について教えてください。

なお、この行止り私道は、建築基準法上の道路であるため、「特定路線価設定申出書」を提出しています。

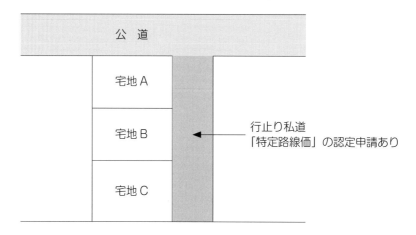

宅地A・B・Cは、いずれも行止り私道に接する宅地ですが、この事例のような場合は、原則として、公道に接する部分の宅地Aと、行止り私道にのみ接する宅地B及びCに区分して評価することになります。

① 宅地Aを評価する場合の側方路線影響加算の有無

宅地Aを評価する場合の側方路線は、行止り私道です。このような私道には、通常、路線価が付されていないことが多いようです。また、たとえ特定路線価が付されたとしても、それは、あくまでも、宅地B及び宅地Cを評価するために設定されたものであり、宅地Aの評価額の計算に影響を与えるものではありません。

したがって、宅地Aの評価を行う場合には、行止り私道についての側方路線影響加算は行わず、一方のみが道路に接する宅地として、次のように前面道路の公道に付された路線価のみで評価することになります。

| 宅地Aの評価額 | = | 正面路線価（公道）× 奥行価格補正率 × 宅地Aの地積 |

② 宅地B及び宅地Cを評価する場合の側方路線影響加算の有無

宅地B及び宅地Cを評価する場合には、特定路線価を正面路線価として計算した評価額と私道部分の評価額を加算した額がそれぞれの宅地の評価額とされます。

なお、宅地B及び宅地Cには、側方路線がありませんので、側方路線影響加算を行う必要はありません。

■宅地B及び宅地Cの評価額

（宅地B又は宅地Cの宅地部分の評価額）
特定路線価 × 奥行価格補正率 × 宅地の地積

＋

（宅地B又は宅地Cの私道部分の評価額）
特定路線価 × $\dfrac{\text{B又はCの地積}}{\text{私道の地積}}$ × $\dfrac{30}{100}$

3. こんな場合はどうなる？　赤線・青線がある場合の宅地の評価Q＆A

旧法定外公共物（旧里道・旧水路）

　道路や河川などのことを「公共物」と呼びますが、このうち、道路法や河川法といった法律の適用を受けないで、里道や水路に使用されている土地を「法定外公共物」と呼んでいます。

　例えば、昔からあったあぜ道や用水路、ため池などがそうです。それらのほとんどは地番がなく、法務局に備え付けられている公図には、里道は赤色、水路は青色で記載されていましたが、最近の新しい公図では着色されていません。

　里道は、赤色で表示されていたことから、赤線と呼ばれることもあり、現在でも農道などに利用されているものが数多くあります。

　また、水路も青色で表示されていたことから、青線と呼ばれることもあり、現在でも用水路などに利用されているものが数多くあります。

　もともと法定外公共物は国有財産で、財産の管理は都道府県が行い、修繕、補修、改良といった維持管理（機能管理）は市町村が行うという形になっていましたが、平成12年4月1日施行の「地方分権の推進を図るための関係法律の整備等に関する法律（通称：地方分権一括法）」に基づき、平成17年4月1日から市町村へ無償譲渡され、市町村有財産となったことで管理はシンプルになりました。

　ただし、市町村に無償譲渡されたのは道路や水路としての機能を有しているものだけで、使われなくなった里道や水路などは、用途廃止された上で管理が財務省（国）に引き継がれました。

　使われなくなった里道や水路の中には、宅地や田畑の一部になってしまっているものもあり、このような旧法定外公共物（旧里道・旧水路）は、払い下げを受けることもできます。詳しくは財務省のホームページをご覧ください。

> 財務省：旧法定外公共物（旧里道・旧水路）
> http://www.mof.go.jp/about_mof/zaimu/oshirase/kyuhouteigai.htm

17 宅地内に赤線がある場合の評価は？

終戦直後に、1画地の宅地として購入していた宅地に自宅を建てようとしたところ、公図上に下図のような赤線が入っているから、その線にかからないようにしないと、建物は建てられないといわれています。ただ、これまで公図を見る機会もないため、この宅地はずっと1画地の宅地との認識でした。

どうすればよいのでしょうか。また、このような場合、この宅地の評価は、どうすればよいのでしょうか。

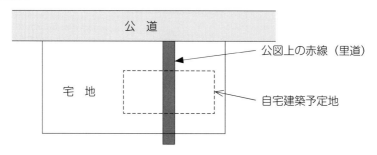

このような「赤線」や「青線」が引かれた土地は、国有地ですから、たとえ、現在「赤線」「青線」の機能も形態も有していないとしても、その上に個人が勝手に建物を建てることはできません。

　　(注) 公図に「赤線」や「青線」の引かれた宅地と接道義務の関係、評価単位などについては、46ページの「4の(3)〈農道（里道）にも、接道義務の規制が適用されるか〉」を参照してください。

【解決法 ── その1】

建物の建築が急がれること、また、建築基準法上の接道義務を満たしていること、建築位置の変更が可能であることといった要件を満たしているなら、次の図のように、とりあえず建物の建築位置の変更を行い、その後で、【解決法 ── その2】に従って、「赤線」をどうするかを考える方法があります。

なお、この場合の宅地の評価方法は、原則として、1画地として評価するのではなく、公図上の赤線部分の地積を除いた「A宅地」及び「B宅地」の2画地として評価することになります。

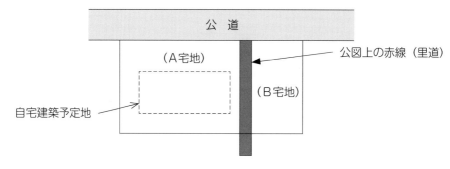

【解決法 ── その２】

「赤線」や「青線」が引かれているにもかかわらず、現実には、その土地が一体として利用されており、その機能も形態も有しない事例が見受けられます。このような場合には、通常は、最寄りの財務局・財務事務所に対して、まず、「赤線」や「青線」の①官民境界明示申請を行い、その確認をした上で、②公用用途廃止申請や③公用地払下申請を行って、個人所有地とする方法があります。

なお、公用地払下等を受けた後の宅地の評価方法は、「Ａ宅地」及び「Ｂ宅地」の２画地として評価するのではなく、公図上の赤線部分の地積を含めたすべての宅地の地積を、１画地として評価することになります。

【解決法 ── その３】

「赤線」や「青線」の「官民境界明示申請」を行って境界確認をした上で、公用用途廃止や払下申請を行わず、その「赤線」「青線」部分に賃借権を設定することが可能な場合もあります。

この場合の評価方法は、「Ａ宅地」及び「Ｂ宅地」《自用地評価部分》と賃借権を設定した「赤線」「青線」部分の全体を一画地として評価することになります。

【コメント】

公共用財産である里道（公図上の赤線記載のある農道）や水路（公図上の青線記載のあるあぜや水路）が、長年の間事実上、公の目的に供されることなく放置されており、外観を全く喪失していて、それを維持すべき理由がないと認められる場合には、黙示的な公用廃止があったものとして、公的財産の時効取得の成立を認めた事案や判例もあります（最高裁昭和42.6.9判決、東京地裁昭和60.9.25判決、東京地裁昭和63.8.25判決）。

したがって、実務における評価単位の認定に際しては、理論的な取扱いとの整合性に配慮しつつ、慎重に対応する必要があります。

例えば、里道部分の面積を含めたところで、永年（終戦時以来）、固定資産税を払っているうえ、現に、その土地上に建物が建っているといった事例もありますので、このような場合には、所轄税務署でその取扱いについての確認をとっておく必要があります。

4. こんな場合はどうなる？ 不整形地の評価Q＆A

> 　不整形地（三角地を含みます）は、その形状等から画地のすべてを有効利用できないことが想定されますので、その利用価値は整形地に比べて劣るものとされています。
> 　そこで、不整形地については、奥行価格補正などの画地調整（評基通15～18）を行った上で、一定の方法によって、その土地が整形地であるものとした「想定整形地」を作成（作図）して、その「想定整形地」の地積を基に、その不整形地の形状や不整形の程度に応じて定められた一定の不整形地補正率を当てはめて補正した価額で評価することとされています（評基通20）。
> 　では、その「想定整形地の評価」は、どのようにするのでしょうか。

18　不整形地の評価方法は？

　一口に不整形地とはいうものの、その形状は一つとして同じものがなく、不整形地の評価を行うのは、大変厄介です。
　そこで、具体例をあげて、不整形地の評価の仕方を教えてください。

(1)　不整形地の評価方法

　不整形地（三角地を含みます）の評価額は、次の(2)の①から④までのいずれかの方法により、財産評価基本通達15《奥行価格補正》によって奥行価格補正後の価額を求め、次いで(3)の同通達16《側方路線影響加算》から18《三方又は四方路線影響加算》までの定めによって計算した価額に、(4)の①から④までに掲げる手順によりその不整形地の程度、位置及び地積の大小に応じて、財産評価基本通達の付表4『地積区分表』に掲げる地区区分及び地積区分に応じた付表5『不整形地補正率表』に定める補正率《不整形地補正率》を乗じて計算した価額により評価（27ページの「⑦不整形地補正」参照）することとされています（評基通20）。

(2)　不整形地に係る奥行価格補正率適用後の価額

① 区分した整形地を基として評価する方法

　不整形地を区分して求めた整形地を基にして計算した価額の合計額を不整形地の、総地積で除して求めます。

4. こんな場合はどうなる？　不整形地の評価Q&A

> 【コメント】
> 　上記①の方法によって計算した「価額の合計額」は、路線価に奥行価格補正率を適用した後の価額に総地積を乗じて計算した価額とみなされます。
> 　したがって、この合計額を不整形地の総地積で除して求めた価額が、奥行価格補正率適用後の価額となりますので、「土地及び土地の上に存する権利の評価明細書」を使用する場合は、この価額をA欄に記載します。

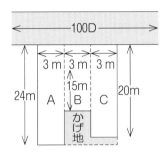

【普通住宅地区】
────── 不整形地 (177㎡)
------------- 想定整形地 (216㎡)
A：72㎡　B：45㎡　C：60㎡

【事例による評価手順】
不整形地を整形地に区分して個々に奥行価格補正を行った価額の合計額を不整形地の総地積で除して求めた1㎡当たりの価額

○A土地：
　　　(路線価)　　　　　　(奥行距離24mの奥行価格補正率)　　　(地積)
　　100,000円　×　　　　0.99　　　　×　72㎡　＝　7,128,000円

○B土地：
　　　(路線価)　　　　　　(奥行距離15mの奥行価格補正率)　　　(地積)
　　100,000円　×　　　　1.00　　　　×　45㎡　＝　4,500,000円

○C土地：
　　　(路線価)　　　　　　(奥行距離20mの奥行価格補正率)　　　(地積)
　　100,000円　×　　　　1.00　　　　×　60㎡　＝　6,000,000円

　　　(A土地)　　　　　(B土地)　　　　　(C土地)　　　　　(合計額)
　7,128,000円　＋　4,500,000円　＋　6,000,000円　＝　17,628,000円

　　　　　　　　　　　　　　　(1㎡当たりの価額)
　17,628,000円　÷　177㎡　＝　99,593円

② 計算上の奥行距離を基として評価する方法

　不整形地の地積を間口距離で除して算出した計算上の奥行距離を基にして求めた整形地としての価額に、不整形地補正率を乗じて評価します。
　ただし、この場合の計算上の奥行距離は、正面路線からの垂線によって不整形地の全域を囲む長方形又は正方形の土地《想定整形地》の奥行距離が限度とされます。

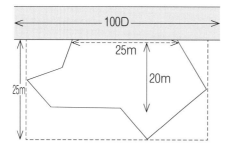

【事例による評価手順】

不整形地計算上の奥行距離による奥行価格補正後1㎡当たりの価額

（地積）　　　（間口距離）　（計算上の奥行距離）（想定整形地の奥行距離）
500㎡ ÷ 25m ＝ 20m （＜25m）

（路線価）　　（奥行距離20mの奥行価格補正率）　（1㎡当たりの価額）
100,000円 × 1.00 ＝ 100,000円

③ 近似整形地を基として評価する方法

　不整形地に近似する整形地を求め、その近似整形地を基にして計算した価額に、不整形地補正率を乗じて評価します。

【コメント】

　近似整形地は、近似整形地からはみ出す不整形地の部分の地積と近似整形地に含まれる不整形地以外の部分の地積がおおむね等しく、かつ、その合計地積ができるだけ小さくなるように求めます。したがって、近似整形地と不整形地の地積は、必ずしも同一ではありません。
　なお、近似整形地の屈折角は90度とします。次の④においても、同じです。

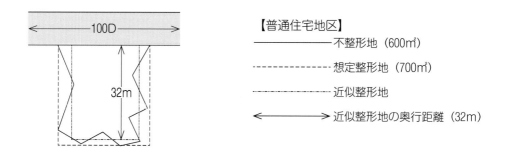

【事例による評価手順】

近似整形地の奥行距離による奥行価格補正後の1㎡当たりの価額

　　　（＝不整形地の奥行距離による奥行価格補正後の1㎡当たりの価額）

（路線価）　　（奥行距離32mの奥行価格補正率）　（1㎡当たりの価額）
100,000円 × 0.96 ＝ 96,000円

④ 差引き計算《抜取り計算》により評価する方法

まず、近似整形地Aを求め、隣接する整形地Bと合せた全体の整形地の価額を求めます。次に、その価額から、隣接する整形地Bの価額を控除した価額を近似整形地Aの地積で除して計算した価額に、不整形地補正率を乗じて評価します。

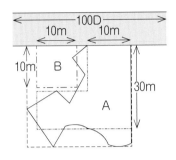
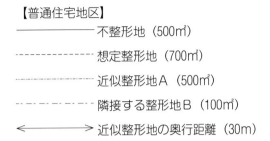

この方法は、一般的に、「差引き計算（又は抜取り計算）」と称されています。

「近似整形地（A）」と「隣接する整形地（B）」とから成る「全体の整形地（A＋B）」は、「隣接する整形地（B）」よりも奥行距離が長いため、一般的には、「全体の整形地（A＋B）」から「隣接する整形地（B）」の価額を差し引いた「近似整形地（A）」の価額は、「全体の整形地（A＋B）」よりも評価単価がより低く算出される、という特徴に着目した方法です。

【コメント】

「隣接する整形地（B）」の価額の単価が、「全体の整形地（A＋B）の価額の単価以下となる場合は、この差引き計算は行わずに、全体の整形地の価額の単価をそのまま不整形地の奥行価格補正率適用後の価額とします。

つまり、「隣接する整形地（B）」の奥行価格補正率が、「全体の整形地（A＋B）」の奥行価格補正率より小さな数値となる場合に、このような現象が生じますので、これら両方の奥行価格補正率の大小を比較してください。

このことに注意を払わずに漫然と計算をすると、差引き計算をすることによって、却って評価額が高くなってしまうという誤りが生じることになりますので、注意してください。

また、全体の整形地の価額から差し引く隣接する整形地の価額の計算に当たって、奥行距離が短いため奥行価格補正率が1.00未満となる場合においては、当該奥行価格補正率は1.00とします。ただし、全体の整形地の奥行距離が短いため奥行価格補正率が1.00未満の数値となる場合には、隣接する整形地の奥行価格補正率もその数値とします。

（注）ここで示す方法は、通達には明確に定めがされていませんので、国税庁ホームページ【質疑応答事例】「不整形地の評価─差引き計算により評価する場合─」の（注意事項）の3、又は「財産評価基本通達逐条解説（大蔵財務協会刊）」の通達20の解説の【設例4】の〈注意事項〉の3を参照してください。

【事例による評価手順】

1. 近似整形地（A）と隣接する整形地（B）を合わせた全体の整形地の奥行価格補正後の価額

    （路線価）　　　　　（奥行距離30mの奥行価格補正率）　　　（A+Bの地積）
    100,000円　×　　　　0.98　　　　×　（500㎡＋100㎡）　＝　58,800,000円

2. 隣接する整形地（B）の奥行距離による奥行価格補正後の価額

    （路線価）　　　　　（奥行距離10mの奥行価格補正率）　　　（Bの地積）
    100,000円　×　　　　1.00　　　　×　　100㎡　＝　10,000,000円

3. 上記「1－2」の価額によって求めた近似整形地（A）の価額

    （1の価額）　　　（2の価額）　　　　（近似整形地(A)の価額）
    58,800,000円　－　10,000,000円　＝　48,800,000円

4. 近似整形地(A)の奥行距離による奥行価格補正後の1㎡当たりの価額

    （＝不整形地の奥行距離による奥行価格補正後の1㎡当たりの価額）

    （近似整形地（A）の価額）　　（近似整形地（A）の地積）　　（1㎡当たりの価額）
    48,800,000円　　÷　　500㎡　　＝　　97,600円

(3) 側方路線影響加算から三方又は四方路線影響加算

不整形地に係る側方路線又は裏面路線の影響加算に当たっては、側方路線又は裏面路線を正面路線と見立てて、上記(2)の①から④の方法に準じ、それぞれ奥行価格補正率を適用した後の価額を算定し、これを基にそれぞれ影響加算を行います。

(4) 不整形地補正率の算定

① 想定整形地の作図

想定整形地は、不整形地の評価をするに当たって、付表5「不整形地補正率表」に定める「かげ地割合」の算定の基礎となる地形です。

この想定整形地とは、「正面路線からの垂線によって、不整形地の全域を囲む矩形（長方形）又は正方形の土地」をいいます。

この想定整形地の定義に従って作図をした結果、右下の図のように、その範囲が道路部分や道路を隔てた第三者の所有土地にわたることになっても構いません。

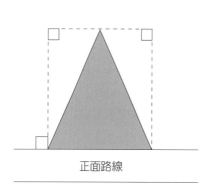

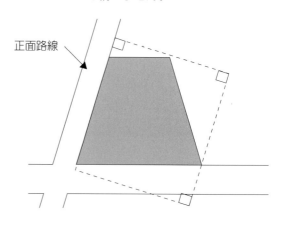

この想定整形地の定義を理解しておけば、想定整形地の作図に失敗することはないと思います。

想定整形地の作図で注意するのは、次の図のように屈折路の外側に接する不整形地に係る想定整形地で、このような立地条件にある想定整形地は、正面路線からの垂線によって不整形地の全域を囲むことができません。

このような場合は、図「A」及び「B」のように、いずれかの路線からの垂線によって、又は図「C」のように、路線に接する不整形地の両端を結ぶ直線によって、評価しようとする宅地の全域を囲む正方形又は長方形のうち、最も面積が小さくなるものとします。

したがって、この不整形地の場合には、図「C」の長方形が想定整形地となります。

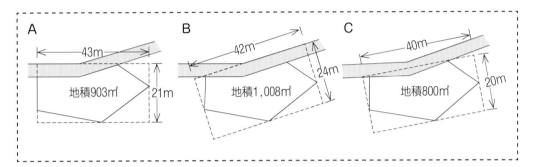

② かげ地割合の算定

上記①で作図した「想定整形地」の図面から想定整形地の地積を求め、この想定整形地のうち、不整形地以外の部分（この部分を「かげ（蔭）地」といいます。）の地積及び想定整形地の地積に占めるかげ地の地積の割合（この割合を「かげ地割合」といいます。）を求めます。

かげ地割合は、次の算式により算定します。

【算式】

　　かげ地の地積＝想定整形地の地積－不整形地の地積

　　かげ地割合＝ $\dfrac{かげ地の地積}{想定整形地の地積}$

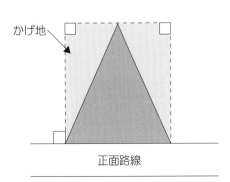
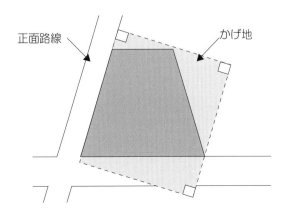

③ 「地積区分表」と「不整形地補正率表」による不整形地補正率の算定（下限60％）

次に、187ページ「付表4　地積区分表」に掲げる地区区分及び地積区分に応じ、その不整形地が「A」「B」「C」のいずれの地積区分に該当するかを判定し、この判定により、上記の算式で求めたかげ地割合を188ページに掲げる「付表5　不整形地補正率表」に当てはめて、不整形地補正率を求めます。

「正面路線の判定」と「想定整形地の作図」さえ正しくできれば、それ以降の作業は、これらの表による数値を機械的に当てはめるだけで、不整形地補正率の算定をすることができます。

この場合に、次の図のような間口狭小補正率の適用がある不整形地については、付表5により算定した不整形地補正率に、189ページに掲げる「付表6　間口狭小補正率表」の間口狭小補正率を連乗して得た数値と、「付表7　奥行長大補正率表」の奥行長大補正率に同じく間口狭小補正率を連乗して得た数値（いずれも小数点第2位未満切捨て）のいずれか有利となる方を不整形地補正率として選択することができます。

ただし、この場合の不整形地補正率の下限は60％となることに注意してください。

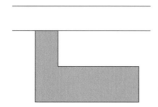

不整形地補正率×間口狭小補正率
（小数点第2位未満切捨て）

間口狭小補正率×奥行長大補正率
（小数点第2位未満切捨て）

｝いずれかを選択

④ 大工場地区にある不整形地

大工場地区にある不整形地は、原則として不整形地補正はしませんが、地積がおおむね9,000平方メートル程度までのものは、中小工場地区の区分による不整形地補正をしても差し支えありません。

(5) *事例による不整形地補正率の適用*

前記(1)の「④差引き計算（抜取り計算）により評価する方法」で示した事例に、不整形地補正率を適用する場合の計算を次に掲げます。

不整形地補正率の計算

かげ地割合 ＝ $\dfrac{想定整形地の地積－不整形地の地積}{想定整形地の地積}$ ＝ $\dfrac{700㎡－500㎡}{700㎡}$ ≒ 28.57％

∴「付表4/地積区分表」及び「付表5/不整形地補正率表」より、

「かげ地割合28.57％」で、「普通住宅地区B」の不整形地補正率：0.95

評価額： 97,600円（1㎡当たりの価額） × 500㎡（地積） × 0.95（不整形地補正率） ＝ 46,360,000円（評価額）

(6) 帯状部分を有する不整形地の評価方法

　帯状部分を有する不整形地やこれに類する不整形地については、帯状部分とその他の部分に分けて評価した価額の合計額によって評価し、不整形地としての評価は行いません。

① 帯状部分を有する不整形地の評価方法の確認

(i)　【図1】のような帯状部分（A）を有する不整形地は、帯状部分（A）とその他の部分（B）に分けて、それぞれについて奥行価格補正等の画地調整を行って評価した価額の合計額によって評価します。

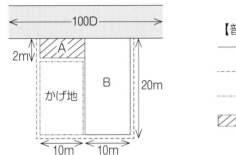

【図1】

【普通住宅地区】
　──── 評価対象地（A＋B）　　220㎡
　---- 想定整形地　　　　　　　400㎡
　-·-·- かげ地　　　　　　　　　180㎡
　▨▨▨ 帯状部分（A）　　　　　 20㎡

【事例による評価手順】

1．A土地（帯状部分）の評価額

　（路線価）　　（奥行距離2mの奥行価格補正率）　（Aの地積）
　100,000円　×　　0.90　　×　20㎡　＝　1,800,000円

2．B土地の評価額

　（路線価）　　（奥行距離20mの奥行価格補正率）　（Bの地積）
　100,000円　×　　1.00　　×　200㎡　＝　20,000,000円

　　　　　　（A土地の評価額）　（B土地の評価額）　　（評価額）
3．評価額：1,800,000円　＋　20,000,000円　＝　21,800,000円

【参考】上記の評価対象地を不整形地として評価した場合は、どうなるか

1　不整形地補正率の計算

$$かげ地割合 = \frac{想定整形地の地積 - 不整形地の地積}{想定整形地の地積} = \frac{400㎡ - 220㎡}{400㎡} = 45.00\%$$

∴「付表4／地積区分表」及び「付表5／不整形地補正率表」より、
　「かげ地割合45.00％」で、「普通住宅地区A」の不整形地補正率：0.82

　　　　　　（A＋Bの評価額）　（不整形地補正率）　　（評価額）　　　　（B土地の評価額）
3．評価額：21,800,000円　×　0.82　＝　17,876,000円　（＜20,000,000円）

【コメント】

　上記の【事例】のように、帯状部分を有する宅地について、形式的に不整形地補正を行うと、「かげ地割合」が過大になりますので、帯状部分以外の部分を単独で評価した価額よりも低い評価額になってしまいます。

　したがって、このような不合理な結果となる評価方法は採用できませんので、不整形地としての評価は行わないということです。次の【図2】のような事例も同じです。

(ⅱ) 【図2】のような帯状部分（A）を有する不整形地は、帯状部分（A）とその他の部分（B＋C）に分けて、それぞれについて奥行価格補正等の画地調整を行って評価した価額の合計額によって評価します。

【図2】

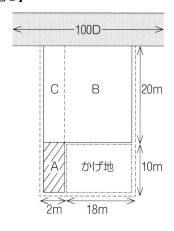

【普通住宅地区】
　──── 評価対象地（A＋B＋C）　　420㎡
　------- 想定整形地　　　　　　　　600㎡
　──── かげ地　　　　　　　　　　180㎡
　▓▓▓▓ 帯状部分（A）　　　　　　　20㎡

【事例による評価手順】

1．A土地（帯状部分）の評価額

　①　「A土地＋C土地」の奥行価格補正後の価額

　　　（路線価）　　（奥行距離30mの奥行価格補正率）　（A＋Cの地積）
　　　100,000円　×　　　　1.00　　　　×　　60㎡　＝　6,000,000円

　②　「C土地」の奥行価格補正後の価額

　　　（路線価）　　（奥行距離20mの奥行価格補正率）　（Cの地積）
　　　100,000円　×　　　　1.00　　　　×　　40㎡　＝　4,000,000円

　③　「①－②」によるA土地の奥行価格補正後の価額

　　　（①の価額）　　　（②の価額）　　　（A土地の奥行価格補正後の価格）
　　　6,000,000円　－　4,000,000円　＝　　2,000,000円

　④　A土地（帯状部分）の評価額

　　A土地（帯状部分）が、その他の部分（B土地＋C土地）に面している距離2mを、A土地の間口距離とみなし、また、帯状の「A土地＋C土地」の奥行距離30mを、A土地の奥行距離とみなして、上記③で求めた『「①－②」によるA土地の奥行価格補正後の評価額

(2,000,000円)』に、間口狭小補正率（付表６）と奥行長大補正率（付表７）を適用して、「Ａ土地の評価額」を求めます。

$$\underset{(③の評価額)}{2{,}000{,}000円} \times \underset{(間口距離2\,mの間口狭小補正率)}{0.90} \times \underset{(奥行距離30\,mの奥行長大補正率)}{0.90} = \underset{(Ａ土地の評価額)}{\underline{1{,}620{,}000円}}$$

$$\left(奥行長大補正率 = \frac{奥行距離}{間口距離} = \frac{30\,m}{2\,m} = 15 \;\Longrightarrow\; \underset{(奥行長大補正率)}{\underline{0.90}} \right)$$

２．「Ｂ土地＋Ｃ土地」の評価額

$$\underset{(路線価)}{100{,}000円} \times \underset{(奥行距離20\,mの奥行価格補正率)}{1.00} \times \underset{(Ｂ＋Ｃの地積)}{400㎡} = \underset{(Ｂ土地＋Ｃ土地の評価額)}{\underline{40{,}000{,}000円}}$$

３．評価額：$\underset{(Ａ土地の評価額)}{1{,}620{,}000円} + \underset{(Ｂ土地＋Ｃ土地の評価額)}{40{,}000{,}000円} = \underset{(評価額)}{\underline{41{,}620{,}000円}}$

【参考】上記の評価対象地を不整形地として評価した場合は、どうなるか

１．評価対象地「Ａ土地＋Ｃ土地」及び「Ｂ土地」の奥行価格補正後の価額

　①　「Ａ土地＋Ｃ土地」の奥行価格補正後の価額

$$\underset{(路線価)}{100{,}000円} \times \underset{(奥行距離30\,mの奥行価格補正率)}{1.00} \times \underset{(Ａ＋Ｃの地積)}{60㎡} = 6{,}000{,}000円$$

　②　「Ｂ土地」の奥行価格補正後の価額

$$\underset{(路線価)}{100{,}000円} \times \underset{(奥行距離20\,mの奥行価格補正率)}{1.00} \times \underset{(Ｂの地積)}{360㎡} = 36{,}000{,}000円$$

　③　「Ａ土地＋Ｃ土地」及び「Ｂ土地」の奥行価格補正後の価額の合計額

$$\underset{(①の価額)}{6{,}000{,}000円} + \underset{(②の価額)}{36{,}000{,}000円} = \underset{(評価対象地の奥行価格補正後の価額)}{42{,}000{,}000円}$$

２．不整形地補正率の計算

$$かげ地割合 = \frac{想定整形地の地積-不整形地の地積}{想定整形地の地積} = \frac{600㎡-420㎡}{600㎡} = 30.00\%$$

∴「付表４/地積区分表」及び「付表５/不整形地補正率表」より、

　「かげ地割合30.00％」で、「普通住宅地区Ａ」の不整形地補正率：0.90

３．評価額：

$$\underset{(評価対象地の奥行価格補正後の価額)}{42{,}000{,}000円} \times \underset{(不整形地補正率)}{0.90} = \underset{(評価額)}{\underline{37{,}800{,}000円}} \;(<40{,}000{,}000円) \;\underset{(Ｂ＋Ｃ土地の評価額)}{}$$

② 不整形地の評価で注意すべき事項

【コメント】 上記①と異なり、左図のような不整形地の場合には、帯状部分を有する宅地には該当しません。このような宅地の場合は、次の①②のうち、いずれか有利な方法を選択して評価することができます。
① かげ地割合によって求めた不整形地補正率と間口狭小補正率を適用して評価する方法
② 間口狭小補正率と奥行長大補正率を適用して評価する方法

(7) 角地としての効用を有しない不整形地の評価

　角地部分の土地を所有していないため、現実には、角地としての効用が認められない宅地である場合には、①側方路線影響加算率《付表2》の適用に代えて、②二方路線影響加算率《付表3》を適用して評価します。

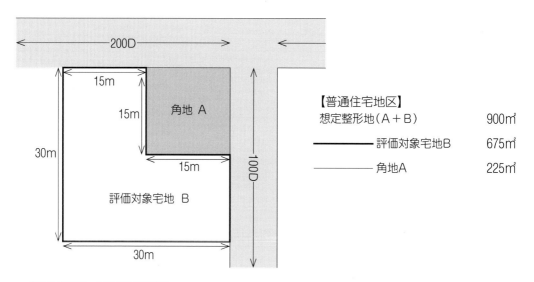

【普通住宅地区】
想定整形地（A＋B）　　900㎡
評価対象宅地B　　　　675㎡
角地A　　　　　　　　225㎡

【具体事例による評価手順】
　上の図のような場合には、次のような手順で評価します。
1．まず、「角地A＋宅地B」全体を整形地とした場合の宅地Bの奥行価格補正後の1㎡当たりの価額を求めます。
　　① 「角地A＋宅地B」の奥行価格補正後の価額

　　（正面路線価）　（奥行距離30mの奥行価格補正率）　（A＋Bの地積）
　　200,000円　×　　1.00　　×　　900㎡　＝　180,000,000円

4．こんな場合はどうなる？　不整形地の評価Q＆A

② 「角地A」の奥行価格補正後の価額

　　（正面路線価）　　　（奥行距離15mの奥行価格補正率）　　（角地Aの地積）
　　200,000円　×　　　1.00　　　×　　225㎡　＝　45,000,000円

③ 「①－②」による宅地Bの奥行価格補正後の価額

　　（①の価額）　　　　（②の価額）　　　　（B宅地の奥行価格補正後の価額）
　　180,000,000円　－　45,000,000円　＝　135,000,000円

④ 宅地Bの奥行価格補正後の1㎡当たりの価額

　　（宅地Bの奥行価格補正後の価額）　　（宅地Bの地積）　　（宅地B1㎡の奥行価格補正後の価額）
　　135,000,000円　÷　675㎡　＝　200,000円

2．次に、「宅地Bの奥行価格補正後の1㎡当たりの価額」に側方路線影響加算率に代えて、二方路線影響加算率《付表3》を適用して計算した価額に不整形地補正を行って、評価額を求めます。

① 二方路線影響加算額の計算

　　　　　　　　　　（奥行距離30mの　　（二方路線　　　（側方路線の想定整形地の　　（二方路線
　　（側方路線価）　　　奥行価格補正率）　　影響加算率）　　間口距離に占める割合）　　影響加算額）
　　100,000円　×　1.00　×　0.02　×　$\dfrac{15m}{15m＋15m}$　＝　1,000円

② 二方路線影響加算後の価額

　　（上記「1の④」の価額）　（上記①の価額）　（二方路線影響加算後の価額）
　　200,000円　＋　1,000円　＝　201,000円

③ 不整形地補正率の計算

　　かげ地割合　＝　$\dfrac{想定整形地の地積－不整形地の地積}{想定整形地の地積}$　＝　$\dfrac{900㎡－675㎡}{900㎡}$　＝　25.00％

∴「付表4／地積区分表」及び「付表5／不整形地補正率表」より、

　「かげ地割合25.00％」で、「普通住宅地区B」の不整形地補正率：0.95

⑤ 不整形地補正後の宅地Bの評価額：

　　（上記②の価額）　（宅地Bの地積）　（不整形地補正率）　（宅地Bの評価額）
　　201,000円　×　675㎡　×　0.95　＝　<u>128,891,250円</u>

なお、評価すべき宅地が「広大地」に該当する場合には、「正面路線価」に「広大地補正率」及び「地積」を乗じて評価するため、上記のように「二方路線影響加算」をする必要はありません。

【コメント】 上記①の「二方路線影響加算額」の計算について

「二方路線影響加算額」の計算については、上記にかかわらず、次の計算方法によって算出することもできます。

したがって、上記による計算方法と、この計算方法のいずれか有利な方を選択して適用すればよいことになります。

① 側方路線価を基にした「宅地Bの奥行価格補正後の1㎡当たりの価額」

（「角地Aと宅地B」の奥行価格補正後の価額）　　　（角地Aの奥行価格補正後の価額）　　　　（宅地Bの地積）
〔(100,000円×0.98×900㎡) － (100,000円×1.00×225㎡)〕 ÷ 675㎡

= (88,200,000円－22,500,000円) ÷ 675㎡

= 97,333円

② 二方路線影響加算額の計算

（側方路線価）　（二方路線影響加算率）　（側方路線の想定整形地の間口距離に占める割合）　（二方路線影響加算額）

97,333円 × 0.02 × $\dfrac{15m}{15m+15m}$ = 973円

第Ⅳ編　利用規制がある宅地の評価上の疑問点検討

〔どうなる？〕

　利用規制がある宅地を評価する場合、各種補正率の重複適用が可能なのかダメなのか。また、道路に特殊な接し方をしている宅地の不動産鑑定評価と財産評価の違いと問題点、さらには、私有地内に道路の隅切があったり、宅地内に水路や里道がある場合などの評価上の疑問点等について検討してみます。

1．減額措置の重複適用は、可能か

(1) 補正率の重複適用で、評価はどう変わるか

　宅地に建物を建てようとする場合、その立地条件によっては、様々な法律によって道路管理上の問題や建築制限に関する規制を受けることがあります。このような規制を受ける宅地は、規制を受けない宅地に比べて所有者の自由な売買や利用に種々の制約が生じるため、その救済策の一つとして、宅地評価においても減額措置が設けられています。

　ところが、ここにも問題があります。これらの減額措置が重複適用できるか否かで、その宅地の評価額に大きな差異が生じるということです。例えば、セットバックの減額措置と都市計画道路予定地の減額措置のダブル適用が可能な場合と、いずれか一方しか適用できない場合では、その評価額が異なってきます。

　そこで、それぞれの減額措置の規定の趣旨とその内容を吟味し、減額措置の重複適用の可否判定とその事由を考えてみました。

■セットバックの減額と都市計画道路予定地の減額の重複適用ができる場合・できない場合

【設　例】
・評価対象地；路線価地域にあり、総地積500㎡
　　　　　　　（うち都市計画道路予定地　50㎡、セットバックを必要とする地積　50㎡）
・評価対象地の評価額（総額）；
　　　　　　　200,000千円（セットバック及び都市計画道路予定地の評価斟酌適用前）
・地区区分；普通住宅地区
・容積率　；200%　　　　　　　　の場合の都市計画道路予定地の
・地積割合；10%（＝50㎡÷500㎡）　　　「補正率」＝0.97

【重複適用ができる場合・できない場合の減額措置の差】
① 重複適用ができない場合
　i） セットバックの減額特例の適用だけの場合

　　（自用地の評価額）　　（自用地の評価額）　（セットバック部分の地積）　（減額割合）　（減額措置適用後の評価額）
　　200,000千円　－　（200,000千円×$\frac{50}{500}$　×　0.7）＝　186,000千円

　ii） 都市計画道路予定地の減額特例の適用だけの場合

　　（自用地の評価額）　（補正率）　（減額措置適用後の評価額）
　　200,000千円　×　0.97　＝　194,000千円

② セットバックの減額特例と都市計画道路予定地の減額特例の重複適用ができる場合

　　（①のⅰ適用後の評価額）　（補正率）　（重複適用後の評価額）
　　　186,000千円　×　0.97　＝　180,420千円

以上の計算のように、当然、②の重複適用ができる場合の方が、評価額は低くなります。

【コメント】「容積率の減額」

通常、路線価には、その地域の容積率（74ページ参照）が反映されていますが、1画地の宅地が容積率の異なる2以上の地域にわたって存在する場合には、路線価に容積率の格差が反映されないため、この格差を補正する必要があります。

そこで、このような宅地については、次のような容積率の減額措置が設けられています。

■容積率が異なる2以上の地域にわたる宅地の評価

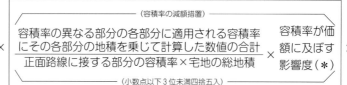

＊容積率が価額に及ぼす影響度

地区区分	影響度
高度商業地区、繁華街地区	0.8
普通商業・併用住宅地区	0.5
普通住宅地区	0.1

---

(2) 減額措置の重複適用が「できる場合」・「できない場合」の判定は？

接道宅地の評価に関連する減額措置の重複適用が「できる場合」と、「できない場合」について、検討してみました。その結果を、まず「判定早見表」に要約し、次にその判定事由と考え方を、平成16年6月の「情報第2号」などに基づいて整理してみました（「平成16年・情報第2号」の「2　広大地の評価」解説の3の(5)《広大地補正率と通達上の各種補正率の適用関係》参照）。

■接道宅地の評価に関連する減額措置の重複適用判定早見表

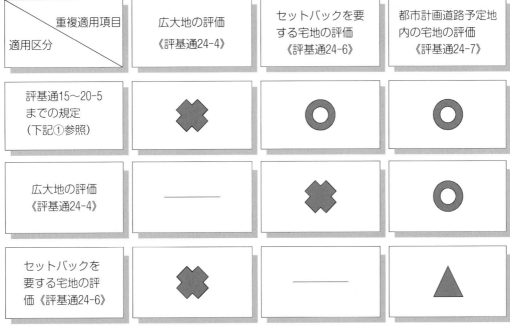

【判定区分】　○：重複適用ができるもの
　　　　　　　✕：重複適用ができないもの
　　　　　　　▲：重複適用ができる場合も、できない場合もあると考えられるもの

【コメント】　重複適用に関する見解のうち、通達及び情報に定めるもの以外は会員間の多数意見ではありますが、全員の一致した意見ではありません。また、これは公的な見解でもありませんので、その正当性についての判断は、各自ご検討の上ご判断願います。
　特に、「セットバックを要する宅地の評価《評基通24-6》」との重複適用に関する部分については、明確な定めがなく、会員間で両論が拮抗するために「▲」としました。

① 広大地補正率と各種補正率の重複適用の可否

　平成16年6月の国税庁の「情報第2号」によると、広大地補正率は、評価対象地の形状、道路との位置関係など、土地の個別要因に基づいて最も経済的・合理的となるような開発想定図を作成し、それに基づいて鑑定評価額を算出しているため、土地の個別要因の補正は考慮済みである、と説明されています。

　このような考え方から、広大地補正率を適用する土地については、財産評価基本通達15《奥行価格補正》から20-5《容積率の異なる2以上の地域にわたる宅地の評価》までの定めは考慮せず、正面路線価、広大地補正率及び地積の三要素を用いて評価すればよい、とされています。

　したがって、広大地補正率と財産評価基本通達15から20-5までに規定する各種補正率との重複適用は、できないことになります。

■広大地補正率と財産評価基本通達に規定する各種補正率との重複適用の可否

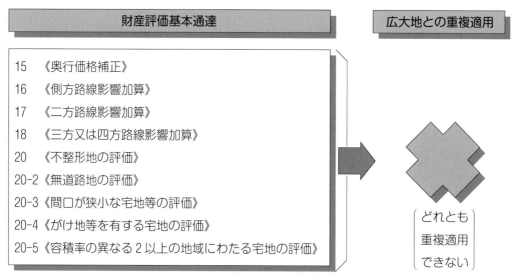

財産評価基本通達
15　《奥行価格補正》
16　《側方路線影響加算》
17　《二方路線影響加算》
18　《三方又は四方路線影響加算》
20　《不整形地の評価》
20-2《無道路地の評価》
20-3《間口が狭小な宅地等の評価》
20-4《がけ地等を有する宅地の評価》
20-5《容積率の異なる2以上の地域にわたる宅地の評価》

広大地との重複適用：どれとも重複適用できない

② セットバックを要する宅地と広大地補正率の重複適用

　財産評価基本通達に定められている広大地補正率には、不動産鑑定評価に基づく鑑定評価額を基礎としている部分があるとされています。この不動産鑑定評価における開発法においては、広大地にセットバック部分がある場合、そのセットバック部分を潰れ地として有効宅地化率を計算しているので、広大地補正率にはセットバック部分の斟酌は織込済みであると考えることができます。

　このような考え方から、平成16年までの改正前の財産評価基本通達においては、セットバックを要する宅地と広大地の斟酌との重複適用は可能と考えられていましたが、広大地補正率を適用する土地については、財産評価基本通達24-6《セットバックを要する宅地の評価》は適用しないこととされています。

　広大地におけるセットバック部分の宅地は、広大地全体からみれば微々たるもので、たとえセットバック部分の控除をしなかったとしても、重複部分は大した金額にはならないと言うことかも知れません。

③ 都市計画道路予定地と広大地補正率の重複適用

　都市計画道路予定地の補正率《軽減率》は、地区区分の容積率とその地区の地積割合によって区々です。しかも、都市計画道路予定地となる区域内では、通常2階建ての建物しか建築できないなどの土地の利用制限を受けることになります。

　この利用制限については、例えば、特別高圧線下の土地等と同様、個々に斟酌するのが妥当と考えられることから、その評価対象地である広大地が、都市計画道路予定地内にある場合には、広大地補正率を適用して評価した後に、都市計画道路予定地の区域内にある宅地の評価《財産評価基本通達24-7》を、別途、適用することができます。

④ 「容積率の異なる2以上の地域にわたる宅地の評価」と「都市計画道路予定地の区域内にある宅地の評価」の重複適用

「容積率の異なる2以上の地域にわたる宅地の評価」（評基通20-5）は、容積率が価額に及ぼす地区区分別の一定の数値を減額割合として、正面路線に接する部分の容積率の違いによる宅地の取引価額形成上の差異（個別事情）を宅地の評価に反映させるための取扱いであると考えられます。

一方、「都市計画道路予定地の区域内にある宅地の評価」の定めは、現状での利用に支障はないものの、都市計画法などの規定によって建築制限を受けるなど、宅地の有効利用に様々な制約を受けることによる地価の減額要因に配慮して設けられた定めであると思われます。

したがって、「容積率の異なる2以上の地域にわたる宅地の評価」と「都市計画道路予定地の区域内にある宅地の評価」の定めは、いずれも一の評価対象地に対して、宅地の価格形成に重要な影響を与えると考えられる容積率に着目している点では一致しますが、次に掲げる理由により、その重複適用は、認められるべきものと考えられます。

① 物理的に特定された部分に対する重ねての斟酌配慮をするものではない。
② それぞれの定めに係る減額要因はまったく別個のものである。
　・「容積率の異なる2以上の地域にわたる宅地の評価」の定めは、容積率の異なる部分の地価が正面路線価に反映しないために、これを調整するものであり、
　・「都市計画道路予定地の区域内にある宅地の評価」の定めは、都市計画道路予定地部分を有することによる地価減額要因を係数化して補正するものである。
③ 容積率の算定上、都市計画道路予定地部分の地積は、建築基準法では建物の敷地面積に含まれることとされている。

【コメント】
「都市計画道路予定地の区域内にある宅地の評価」は、平成13年12月31日までは、利用制限が認められる部分の宅地については、「利用制限がないものとして評価した価額×70%」で評価されていましたが、平成14年1月以降は、新設された財産評価基本通達24-7《都市計画道路予定地の区域内にある宅地の評価》により、「利用制限がないものとして評価した評価対象地全体の価額×都市計画道路予定地補正率」によって求めることとされています。

⑤ 「セットバックを必要とする宅地の評価」と「都市計画道路予定地の区域内にある宅地の評価」の重複適用

「セットバックを必要とする宅地の評価」の定めは、セットバック部分の宅地がセットバック部分以外の宅地の価額に比べて減価することになるという、地価形成要因に着目した特定部分に対して斟酌をするものであると考えられます。現状での利用に支障はありませんが、将来、建物を建て替える際に支障を来たします。

一方、「都市計画道路予定地の区域内にある宅地の評価」の定めは、都市計画法などの規定によって、現状での利用に支障を来たしているため、①宅地の有効利用に様々な制約を受けることによる地価の減額要因に配慮して設けられた取扱いであり、②評価対象地全体の評価額に都市計画道路予定地補正率（評価対象地の地区区分、容積率、地積割合の別に応じて定められた補正率）を乗じて評価額を計算するという宅地全体の中での減額要因であり、地価形成要因に着目した特定部分に対して斟酌をするものではないと考えられます。

　したがって、両規定に係る減額要因はまったく別個のものであることから、「都市計画道路予定地の区域内にある宅地の評価」規定と「セットバックを必要とする宅地の評価」規定との重複適用は、認められるべきものと考えられているようです。

　しかしながら、「都市計画道路予定地の区域内にある宅地の評価」通達の制定前の取扱いでは、利用制限が認められる部分の宅地についての30％の減額措置とされていましたし、建築基準法では、「2項道路」に接するセットバック部分の宅地の面積は、建築基準法上の容積率の算定基礎とされる敷地面積には算入しないこととされています。これらの規定は、いずれも特定部分に対して斟酌をするものと考えられます。

　また、都市計画道路予定地部分については、建築基準法上は、建築確認申請はできますが、構造に制限を受けることになります。構造物の階数に制限を受けるということは、正に、構造物の階数や容積率の算定に影響を与えることに他なりません。この点を考えますと、両者（セットバックと都市計画道路予定地）は、同じ容積率についての議論をしていることになりますので、重複適用できると言い切るのはいかがかと思われます。

　したがって、その都市計画道路の実現性があるのか・ないのかによって、その取扱いが変わってくるのではないかと思われます。その都市計画道路の実現性が高ければ、重複適用の可能性は低くなり、その都市計画道路の実現性が低ければ、重複適用の可能性が高くなる、と言えるのではないでしょうか。単純に、重複適用できると言い切れないと考えられます。

　（注）156ページの【コメント】を参照してください。

2. 特殊な接道宅地の不動産鑑定評価と財産評価の疑問点の検討

> **『土地価格比準表』について**
>
> 　本書における不動産鑑定評価上の考え方や補正率等の係数は、国土交通省土地・建設産業局地価調査課監修の『土地価格比準表』から引用しています。
>
> 　『土地価格比準表』は、国土計画利用法の土地取引の事前届出（同法23条）等における価格審査に当たり、その評価の適正を期するために、作成された比準表で、地価公示の標準値からの基準等における地域要因や個別的要因の把握及び比較についての標準的なものとされています。
>
> 　すなわち、同法の届出等の価格審査の際に、不動産の専門家ではない担当者が形式的に判断するための目安的なものに過ぎません。このため、『土地価格比準表』を無批判的に適用すると、必ずしも適正な評価額を導き出すことができないことも少なくありません。また、同法の事前届出制度は平成10年6月で廃止されており、『土地価格比準表』もその使命を終えています。
>
> 　しかしながら、従来の不動産鑑定評価の理論と実務に裏付けられたものであり、一般的或いは平均的な数値指標として利用すればそれなりの参考となるため、現在でも不動産鑑定評価における参考として使用されているものです。

(1) 路線価の設定できる道路とは？

　財産評価基本通達14の定めによると、路線価の設定対象となる道路は、不特定多数の者が通行の用に供する道路であればよく、公道・私道の区分や道路法・建築基準法に規定する道路であることを要件としていません。

　したがって、法律に規定する道路でない場合でも、次のような状況にあるため、その道路が不特定多数の者の通行の用に供されているものも含まれます。

---

① 公図上の青線（水路）に蓋をして暗渠とし、道路として通行可能な状況にある場合
② 公図上の赤線（農道・里道）で通行可能な状況にある場合
③ 不特定多数の者の私有地内の通行を黙認していたため、道路として整備されていないが、事実上の通路として存在している場合

　しかしながら、最近の財産評価の実務においては、37ページの「特定路線価設定申出書の提出チェックシート」のとおり、建築基準法上の道路でない場合には、路線価を設定しないこととしているようです。

　こういった状況を前提に、不動産鑑定の世界における取扱いと財産評価における道路と宅地の取扱いについて検討してみます。

(2) セットバック部分の評価と疑問点

① 建築基準法上のセットバックの規制

宅地については、幅員4m未満の道路に接続している場合には建築基準法42条2項《みなし道路》の規定によって、幅員4m（6m指定区域では6m）になるように、道路の両サイドをセットバックしなければ建物は建築できないとされています。

ただし、道路の中心線から水平距離2m未満のところで川やがけ地、線路敷などに接している場合は、川岸などから4m後退した線までセットバックしなければならないとされています。

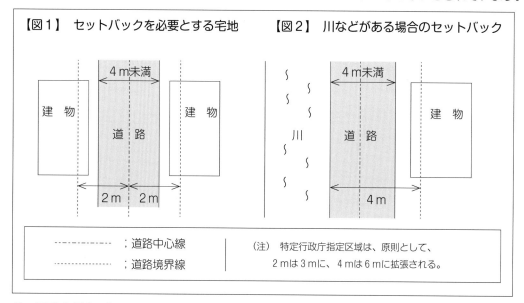

② 不動産鑑定評価におけるセットバックを要する宅地の評価

不動産評価におけるセットバックを要する宅地は、(i)セットバック部分の面積を除いた建築物を築造する敷地部分の面積と、(ii)セットバック部分の面積によって構成されていますので、それぞれを評価して得た額を加えて求めることとされています。

(i) セットバック部分の面積を除いた建築物を築造する敷地部分の評価

セットバック部分の面積を除いた建築物を築造する敷地部分の価格は、次の算式によって求めます。

建築物を築造する敷地部分の価格 ＝ 1㎡当たりの宅地の評価額 × （宅地の面積 － セットバック部分の面積）

【コメント】
　建ぺい率や容積率を算出する場合にも、セットバック部分の面積は、敷地面積から除外して計算することになります。

(ii) セットバック部分の評価

　不動産鑑定評価における宅地の補正は、『土地価格比準表』に掲げる地域要因や個別要因を織り込んで作成された標準的な格差補正率を基にして、個々の宅地の状況に応じた適正な格差率による補正を行ったうえで評価されていますが、セットバックを要する宅地のセットバック部分については、標準的な格差補正率が定められていません。

　そのため、固定資産税評価額等も参考にしつつ、評価すべき宅地の種々の条件等を考慮して個々に補正が行われているようです。

【コメント】
　固定資産税においては、セットバックを要する宅地については、セットバック部分の減額を織り込んだ路線価格が設定されていることもあります。その場合には、セットバック部分の宅地についての減額を行う必要はありません。しかしながら、セットバック部分の減額が織り込まれていないものについては、減額補正を行うことになります。
　なお、セットバックが完了した場合には、そのセットバック部分の宅地については、ゼロ評価とされます。また、セットバック完了後、『道路非課税適用申告書』を市区町村の担当課宛に提出すれば、そのセットバック部分の宅地は、非課税とされます。

③　財産評価における宅地のセットバック部分の評価

　一方、財産評価基本通達24－6《セットバックを必要とする宅地の評価》では、セットバックを必要とする宅地部分については、70％を減額して評価することとされています。

$$\text{セットバックを必要とする宅地の評価額} = \text{通常の宅地としての評価額} \times \left(1 - \frac{\text{道路敷提供部分の地積}}{\text{宅地の総地積}} \times 0.7\right)$$

④　不動産鑑定評価と財産評価の違いと疑問点

　不動産鑑定評価においては、利用価値に着目した補正が行われていますが、財産評価においては3割評価のみとされています。セットバック後の利用状況に応じた宅地評価とはならないか、疑問が残ります。

(3)　私道部分の評価と私道負担部分がある位置指定道路の評価の疑問点

①　建築基準法の「位置指定道路」とは？

　建築基準法に規定する「位置指定道路」とは、土地を建築物の敷地として利用するために、道路法や都市計画法などの規定によらないで築造する次図に掲げる基準に適合する道で、その建築物を築造しようとする者が特定行政庁からその位置の指定を受けたものをいいます（建築基準法42①五、建築基準法施行令144の4）。

　（注）　建築基準法施行令144条の4においては、下図の要件以外にも、道が同一平面で交差等する場合の角地の隅切りや避難・通行の安全に関する規制等も設けられています。

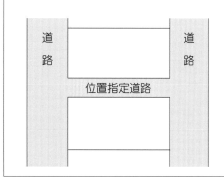

【図3】 位置指定道路（原則）
両端が他の道路に接していることが要件

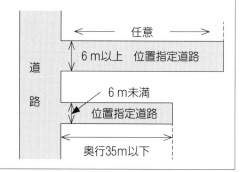

【図4】 位置指定道路（例外）
袋地状道路の場合は、道路幅員6m以上
（6m未満の場合は、奥行35m以下）

② 不動産鑑定評価における私道の評価

不動産鑑定評価においては、私道敷を含む画地の評価は、その私道が(i)袋地状宅地の路地状部分（進入路）であるか、(ii)私道敷部分であるかの区分によって、次のような補正が行われ、算式は次のようになります。

【算式】

$$1.0 - \frac{\left(\begin{array}{c}\text{有効宅地部} \\ \text{分の減価率}\end{array} \times \begin{array}{c}\text{有効宅地} \\ \text{部分の面積}\end{array}\right) + \left(\begin{array}{c}\text{路地状部分} \\ \text{の減価率}\end{array} \times \begin{array}{c}\text{路地状部} \\ \text{分の面積}\end{array}\right)}{\text{袋地の面積}}$$

(i) 袋地状部分（進入路）の私道の減価率

袋地の評価は、(イ)私道である路地状部分（進入路）と(ロ)有効宅地部分によって構成されていますので、それぞれを評価して得た額を加えて求めることとされています。

(イ) 私道である路地状部分（進入路）の価格

私道である路地状部分（進入路）の価格は、(ロ)の「有効宅地部分の標準価格」に、路地状部分の間口、奥行等を考慮して次表の減価率の範囲内で減価を行って求めることとされています。

■路地状部分の減価率

路地状部分の減価率	30%～50%

(ロ) 有効宅地部分の価格

有効宅地部分の価格は、袋地が接する道路にその有効宅地部分が直接接面するものとして評価したその有効宅地部分の価格（標準価格）に、路地状部分の奥行を基準とした次表の減価率を限度として減価を行って求めることとされています。

■有効宅地部分の減価率

路地状部分の奥行	最高減価率
10m未満の場合	10%
10m以上20m未満の場合	15%
20m以上の場合	20%

(ii) 私道敷部分の価格

住宅地域の私道の価格は、その私道部分の利用形態や道路の幅員、面積、建築線の指定の有無等を考慮して定められた一定の適正な減価率で補正することとされています。

なお、標準住宅地域及び混在住宅地域にある私道の価格については、道路の敷地の用に供するために生じる価値の減少分を、次表の減少率の範囲内でその私道の系統、幅員、建築線の指定の有無等の事情に応じて判断し、その私道に接する各画地の価格の平均価格を減価して求めることとされています。

■標準住宅地域及び混在住宅地域の私道の減価率

利用の状態	減価率
共用私道	50%～80%
準公道的私道	80%以上

(iii) 私道負担部分がある位置指定道路の価格

ただし、私道負担部分がある位置指定道路については、接面土地の所有者のみが利用するものか、共用私道か準公道的私道かによって、減価率はそれぞれ個別に判定されています。

③ 財産評価における私道部分の評価

一方、財産評価においては、不特定多数の者が通行する公共性の高い、いわゆる「通抜け私道」の場合は、ゼロ評価とされますが、「行止り私道」の場合は、自用地評価額の30％で評価されます。

ただ、位置指定道路でない行止り私道の場合も、同様の評価でよいのか、疑問が残ります。

以下、各項目末尾の「疑問点の検討」部分は、疑問点に関する会員の発言内容を、A、B、C三者の発言に集約し、その概要を掲載したものです。したがって、疑問点の提示のみで終了している部分もあり、全て明解な結論に達している議論ではありません。各自、ご検討賜れば幸いです。

④ 疑問点の検討 ───「位置指定道路でない行止り私道」の評価 ───

A：財産評価において、その私道が位置指定道路に該当する場合、評価はゼロで、そうでない場合は、3割評価でよいのか、という問題点についてご意見をお聞かせ願います。

C；ある地方自治体の場合は、条例によって、位置指定道路として固定資産税が課税されているか否かで、形式基準によって判断しているようです。

B；私道の場合、事例としては、市への寄附が多いのですが、管理責任の問題があるため、受理しない市町村も多いと聞いています。

C；特定の者しか通らないのであれば、財産評価の世界では、位置指定のあるなしに関係なく、3割評価とされます。

　財産評価の方の理屈としては、たとえ位置指定道路であっても、行止りであるなら、その道路を含む周辺の全宅地を買収すれば利害関係がなくなるので、申請さえすれば、位置指定道路の廃止も可能です。したがって、最低限の価値は保有されていることになります。

　ただ、この議論では、「全部を買収すれば」なので、将来を予測した評価となり、課税時期が異なるとの議論になってしまいます。

B；道路に関する学問的な議論の中で、建築基準法上の「道路」とは、形態性（道路としての形態が整っていること）、公開性（不特定多数の者の通行が許されている場所であること）及び客観性（一般交通に利用されている状態が客観的に認められている場所であること）があるものといった定義付けが行われていますが、不特定多数の者の通行の用に供されている私道も同様の観点で判定するべきです。私道の所有形態は、私道に面した土地所有者が、

> ①　自己所有地の前面の私道部分を分筆して所有する場合
> ②　共有とする場合
> ③　私道部分を分筆し、自己所有地の前面以外の私道部分をそれぞれが所有する場合
> ④　私道に沿って帯状に細長く分筆してそれぞれ自己所有地と隣接しない部分を所有する場合

と様々です。

　したがって、私道の購入単価が宅地の1～5割であるなら、上記②～④のように、私道であっても位置指定道路同様、その所有者の自由にならない私道もあるため、一律には決められません。そこで、平成11年の財産評価基本通達の改正時に、6割評価が3割評価とされたとのことであり、位置指定道路であるか否かの斟酌はしていないようです。

　鑑定評価の世界では、交換価値のない土地であっても、評価がゼロということはあり得ず、将来、収用等があった場合に補償金を貰えるという可能性を含めて、1割評価が妥当ではないかと思われます。満潮時に水没する土地や堤外民地（河川内敷地）も、1割評価とされています。

　また、PCB埋設地や鉄道敷地、貯木場などのような一定の目的をもって何らかの用途に使用されている土地は、3割評価とされています。このような土地を交換価値ゼロの土地と同様に、宅地比準価額によって評価するのは適切ではないと思います。

　私の経験事例では、A市の丘陵地開発による宅地開発で、行止り私道が多数生じましたが、

その際の行止り私道については、路線価の設定の有無に関係なく、側方加算はしないこととされました。しかし、行止りの市道（公道）であれば、どうかの問題は残ります。

C；公共性が高いとの判断によって、私道が市道（市所有の道路ではなく、市管理の道路）として指定された事例もありました。

私道の場合に側方加算はなく、市道の場合には加算するという概念で対処するのであれば、整理できないと思います。要は、公共性の程度の判断によるのではないでしょうか。

B；路線価の設定は、不特定多数の者の通行の用に供されているか否かで判断されています。

しかし、行止り道路でも、その奥に車の回転広場や公民館、スーパーマーケット等があり、不特定多数の者が出入りする施設がある場合は、ゼロ評価してもよいとされていますが、ゼロ評価してよいということと、路線価を付すこととは合致するものではありません。

昔は、L字型私道は、不特定多数の者の通行の用に供される私道なのでゼロ評価で、コの字型私道は、不特定多数の者の通行の用に供される私道にならないとされていたようです。

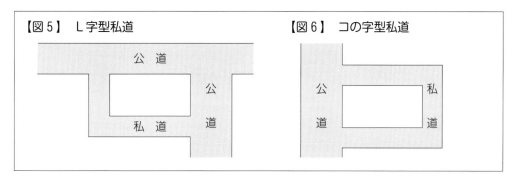

【図5】 L字型私道　　　【図6】 コの字型私道

C；コの字型私道の場合、国税庁のホームページに掲げられている「不特定多数の者の通行の用に供されている私道」の「回答要旨」にあるとおり、「公道から公道へ通り抜けできる私道」に該当しますので、ゼロ評価でよいと考えられます。

A；路線価は、外してもらえるのでしょうか。翌年からなら、との話はよく耳にしますが…。

B；周辺とのバランス等からもおかしいとの指摘があれば、考慮される場合もあるとは聞いていますが、税務署の担当者の取扱いにも温度差があるのではないでしょうか。

C；実務では、固定資産税の評価との違いを資料として提示して、相続事案の土地に関する個別評価申請書の設定願出書を作成し、再検討を依頼することもあるようですね。

A；更正の請求には、なじまないでしょうか。

C；路線価がおかしいとの主張に基づく更正の請求は、それが法令の誤りなど確かな客観的な事実に基づいて行われるものであれば認容されますから、相続税法22条の時価評価についての論陣をしっかりと張って主張及び立証を尽くすことです。

(4) 隅切りがある宅地の評価と疑問点

① 私道に隅切りがある場合の隅切部分の評価

交差点改良工事の際、通行の安全を確保するために角地は、「▲」部分が切り取られます(【図7】)。この部分は、公有地となるため評価上の問題は生じません。

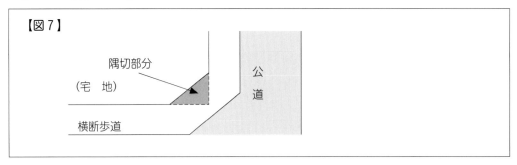

【図7】

ところが、次の【図8】の事例のようなデベロッパーが開発した私有地の行止り私道に隅切りがある場合は、どう評価することになるのでしょうか。

この隅切部分は、登記簿上は所有地に含まれていますが、評価の際には、一切評価しなくてよいのでしょうか。『資産税関係質疑応答事例集』では、「私道部分を評価する際には、隅切で広がった部分は間口距離に含めない」こととされ、隅切部分まで評価対象に含めるとされていますが、それでよいのでしょうか。

行止り私道である場合には、自用地の3割評価となりますが、この隅切部分の評価はどうなるのでしょうか。また、【図8】の事例の私道は、位置指定道路であり、隅切部分の用途変更や廃止はできないため、固定資産税は非課税とされています。

では、行止り私道であっても、位置指定道路である場合とそうでない場合とで、評価に差を付ける必要があるのでしょうか。

【図8】 デベロッパーが開発した分譲宅地の私有地の行止り私道に隅切りがある場合

この私道は位置指定道路であり、隅切部分の用途変更や廃止はできないため、固定資産税は非課税とされている。

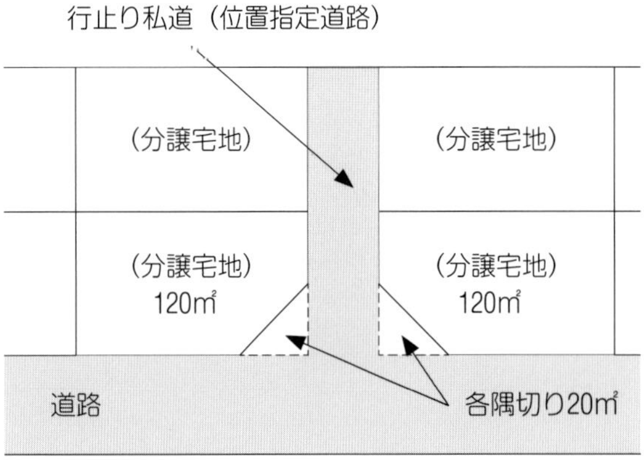

(注) 120㎡には、隅切りの20㎡が含まれる。

② 疑問点の検討 ―― 私有地の行止り私道に隅切りがある場合の評価 ――

A；通抜け私道の場合は、問題ありませんか。

C；通抜け私道の場合は、所有者が誰であろうと、不特定多数の者の通行用としてよいでしょう。

　【図8】は、デベロッパーの開発したものであり、行止り私道ではありますが、特定の者以外の者の通行の用に供しているものと考えられますので、不特定多数の者の用に供する道に準ずる土地として、評価する方法が講じられないか、という意見です。

A；公図では、隅切りされていない状態ですが、実体で計算して、隅切部分は共用部分になる部分ですから、評価対象となる地積は、隅切部分を除いて申告することになるのでしょうか。

C；昔は、行政がいきなり隅切りを行うのではなく、建替え時の建築確認を条件として、隅切りを行う方法をとっていました。

　過去の事例では、不動産業者がある程度の広さの土地を買って、数軒の分譲住宅を建てた時に隅切りを行うことを条件として建築確認をもらったことがあります。その際、分筆登記はしなかったので、その隅切部分の土地は、登記簿上、現在もその不動産業者の所有地になっていると思いますが、その隅切部分の固定資産税は非課税扱いとされています。【図8】の事例とは、前提条件が異なります。

　【図8】の事例のような土地は、元々、宅地である部分を建築確認のために切り取って私道の一部として提供したものだから、私道としての取扱いがされてもよいと思われます。

　そもそも【図8】の私道は、どこからどこまでの範囲の土地であるかを線引きすれば、答は自ずと導かれます。

(5) 前面道路との間に段差等がある宅地の評価と疑問点

前面道路と宅地との間に段差（高低差）やがけ地があったり、宅地の前面が傾斜地となっている場合には、接道義務には問題がなくても、人や車の出入りや、荷物の搬入・搬出に支障をきたしたり、排水や日照、通風などにも様々な影響を及ぼします。

では、このような前面道路との間に段差やがけ地等がある宅地については、どのような法的規制や評価上の問題点があるのでしょうか。

① 前面道路との間に段差等がある宅地の建築基準法上の接道義務は？

建築基準法では、前面道路との間に段差があっても、道路の幅員要件を満たしていれば、原則として接道義務に問題はなく、建物を建てることができます。ただし、地方公共団体において建築基準条例などに独自の基準を設けている場合がありますので、その段差が余りにも極端である場合には、その確認が必要です。

例えば、大阪府の場合は、道路と敷地との間に著しい高低差がある場合でも、法的には敷地が道路に接しているため、建築基準法43条《接道義務》の規定には抵触しないが、建築物の用途や規模等を勘案して避難上、安全上等支障のないよう敷地内に階段状の通路を設ける必要があるとされています（【図9】参照）。

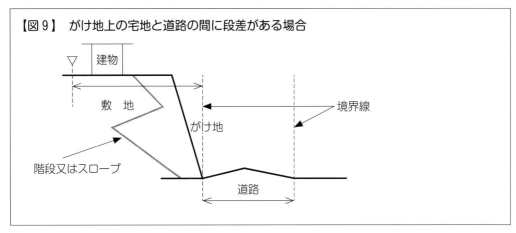

【図9】 がけ地上の宅地と道路の間に段差がある場合

② 前面道路との間に段差等がある宅地の不動産鑑定評価

不動産鑑定評価においては、(i)がけ地等で通常の用途に供することができないものと認められる部分を有する画地と、(ii)接面道路との間に高低差がある画地とに区分して評価することとされています。

(i) がけ地等の評価

がけ地等で通常の用途に供することができないものと認められる部分を有する画地の場合は、『土地価格比準表』の別表第30《がけ地格差率表》に基づいて適正に定められた率で補正することとされています。

この場合のがけ地の格差率は、平坦地部分を100とした場合の格差率で、『がけ地格差率表』の「①がけ地部分と平坦地部分との関係位置・方位」による格差率に「②がけ地の傾斜の状況」による格差率を乗じて求めます。

> 【算式】
>
> がけ地の格差率＝下表①による格差率×下表②による格差率

■がけ地格差率表（別表第30）

区別	① がけ地部分と平坦地部分との関係位置・方位			② がけ地の傾斜の状況	
	がけ地と平坦地部分との関係位置	傾斜方位	格差率	有効利用の方法	格差率
利用不可能ながけ地 （傾斜度15°以上）	下りがけ地（法地） がけ地部分が対象地内で下り傾斜となっている場合	南 東 西 北	50〜80 40〜60 30〜50 10〜20	イ．がけ状を呈し、庭としての利用はほとんど不可能 ロ．人工地盤により宅地利用も可能であるが、通常の住宅建築は不可能	60〜70
利用可能ながけ地	下りがけ地（法地）	南 東 西 北	70〜90 55〜70 50〜60 40〜50	通常の基礎を補強すれば、住宅建築が可能であるが、がけ地を直接庭として利用することは安全性からみて不可能	80〜90

（注）1．がけ地で2m以下の高さのよう壁又は0.6m以下の土羽の法地部分については、『がけ地格差率表』を使用せず、(ii)の高低差のある宅地の格差補正を行って評価します。
　　　2．『がけ地格差率表』は、がけ地部分が対象敷地内で上り傾斜となっている上りがけ地については使用せず、別途その状況を判断して格差率を求めます。

(ii) 接面道路との間に高低差がある画地の評価

上記(i)のがけ地に該当しない宅地で接面道路に高低差がある画地については、高低差による評価対象地の快適性と利便性の度合いに応じて、次のような補正を加えて評価することとされています。

なお、住宅地域の地域区分は、優良住宅地域、標準住宅地域、混在住宅地域、農家集落地域、別荘地域の5つの地域に区分されていますが、地域区分による評価対象地区分及び格差率に差異はなく、同一の格差率で表示されています（別荘地域には、画地条件としてのがけ地等及び高低差の規定はありません）。

■接面道路に高低差がある住宅地域の格差率表

基準地＼対象地	優　る	やや優る	普　通	やや劣る	劣　る
優る	1.00	0.95	0.91	0.86	0.82
やや優る	1.05	1.00	0.95	0.90	0.86
普通	1.10	1.05	1.00	0.95	0.90
やや劣る	1.16	1.10	1.05	1.00	0.95
劣る	1.22	1.17	1.11	1.06	1.00

【備考】　接面道路の高低差による快適性及び利便性の程度については、次により分類して比較を行うこととされています。
　　　　優　　る：高低差により快適性及び利便性の高い画地
　　　　やや優る：高低差により快適性及び利便性のやや高い画地
　　　　普　　通：地域における標準的な画地の高低差と同程度の画地
　　　　やや劣る：高低差により快適性及び利便性のやや低い画地
　　　　劣　　る：高低差により快適性及び利便性の低い画地

③　前面道路との間に段差等がある宅地の財産評価

(i)　前面道路との間に段差等がある宅地の評価

　財産評価においては、従来、東京国税局が定めていた『個別事情のある財産の評価等の具体的な取扱いについて』2⑻《利用価値が著しく低下している宅地の評価》の「著しく傾斜している宅地（がけ地を除く）」の取扱いが廃止されたため、現在は、財産評価基本通達20-4《がけ地等を有する宅地の評価》が規定されているだけです。

　したがって、がけ地や高低差のある宅地、傾斜地を含む宅地の評価は、この通達によらざるを得ないことになります。

(ii)　がけ地等を有する宅地の評価

　がけ地等で通常の用途に供することができないと認められる部分を有する宅地の価額は、その宅地のうちに存するがけ地等ががけ地等でないとした場合の価額に、その宅地の総地積に対するがけ地部分等通常の用途に供することができないと認められる部分の地積の割合に応じて定められている「がけ地補正率表（付表８）」の補正率を乗じて算出した価額によって評価することになります。

> （がけ地等でないとした場合の１㎡当たりの価額　×　がけ地補正率）×　地積

④　不動産鑑定評価と財産評価の違いと疑問点

(i)　がけ地部分だけの傾斜地の評価

　平坦でない画地（がけ地等や高低差のある宅地）については、がけ地等を有する宅地の評価

《上記③の(ii)》の算式によって、がけ地等でないとした場合の評価額に、そのがけ地割合に応じて定められた「がけ地補正率表」の補正率を乗じて求めます。

この場合に「がけ地補正率表」が適用できる崖地とは、「がけ地等で、通常の用途に供することができない部分を有する宅地」とされています。したがって、1評価単位の宅地のうちに、がけ地部分があり、これらが一体化されている土地を評価する場合にのみ、このがけ地補正率が適用されることになります。

したがって、がけ地等が単独で存在する場合には、「がけ地等を有する宅地」には該当しませんので、がけ地補正率を使って評価することができないことになります。では、【図10】のように急傾斜ながけ地部分だけからなる土地の評価は、どうすればよいのでしょうか。

民間業者の感覚では、このような崖地のみの土地の利用価値はゼロとみます。価値ゼロの土地が、税務上認められるか、といった問題もあります。

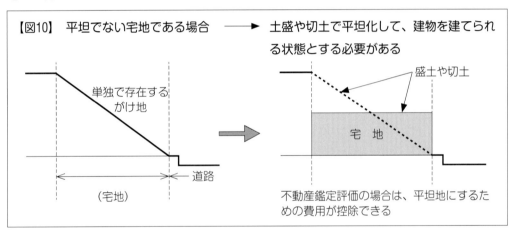

【図10】 平坦でない宅地である場合 → 土盛や切土で平坦化して、建物を建てられる状態とする必要がある

過去において、これと同じ事例に遭遇したことがあります。固定資産税は非常に低額ではあるが、渋々ながら支払うしかなく、市への寄贈を打診しましたが、崩落の恐れがあるとして受理されず、やむなくその傾斜地を保有しているという状況でした。

(ii) 接面道路と宅地の間に段差がある場合の不動産鑑定評価と財産評価の違い

財産評価においては、路線価に織り込まれるのは、その段差がその地域における一般的な地勢と認められ、しかも、その地域の減額要因がほぼ同じである場合に限られます。

したがって、この事例の土地のように、前面道路と段差があり、この道路を隔てた向い側の土地と道路との間には段差がなくフラットであるという場合、このような特殊事情にある段差は、路線価に反映されていません。

不動産鑑定評価における担保価値の計算と土地の財産評価は同一ではありません。担保価値の計算の場合は、回収可能性の計算ですから、次の算式によって、階段・スロープの設置費用を加味して、補正率を算出して計算すればよいことになっています。

> （1㎡当たりの標準的な画地の価格×地積 － 階段・スロープの設置費用）
> 　　　　　　　　　　　÷（1㎡当たりの標準的な画地の価格×地積）

　ところが、財産評価においては明確な定めがありません。あえていうならば、高低差・騒音・日照阻害などのため、利用価値が著しく低下している宅地の評価の取扱いが援用でき、1割減額が可能と言えるのではないでしょうか（『タックスアンサー No.4617』）。

　もっとも、このような宅地は、国土の狭小な日本には数多くあり、しかも、そのケースは様々です。道路と宅地に高低差がある場合でも、道路より高い位置にある宅地は、日照、通風、眺望などの点で、本来は価格面でプラス要因になるはずですが、今後さらに、高齢化社会へと進展すると、こうした段差は逆にマイナス要因に転じることになるのです。

　高低差の価格への影響は、広い土地より狭い土地の方が、また、住宅用地よりも工業用地の方が顕著となります。また、一般的には、道路よりも高い位置にある宅地の場合は、その高低差が3m以内なら価格のプラス要因となりますが、3.5m～4mを超えると徐々にマイナス要因になります。ただし、道路よりも宅地の方が低い場合は、その段差が1mもあればマイナス要因となります。

　価格の決定要因も時代とともに変わってきており、昔は道路幅は広くない方が住宅環境に適するとされていましたが、車社会になると、広い道路に面する土地の方が価格面でも高くなっています。こうしたことを踏まえて、『タックスアンサー No.4617』の適用を判断してください。

　このタックスアンサーの1割減額だけでは妥当な価額が得られないと認められる場合は、鑑定評価に付すしかありませんが、例えば、土壌汚染地の評価についても、土壌汚染がなかったとした場合の評価額から土壌汚染の除去費用を控除する方法が（注）採用されますので、この方法に準じた鑑定評価ができるかどうかの検討を依頼してください。

　（注）　「土壌汚染宅地の評価方法」については、179ページを参照してください。

(iii) **方位による格差**

　不動産鑑定評価においては、公示価格に方位による斟酌率が盛り込まれてきており、『土地価格比準表』において、次表のように、画地からの接面道路の方位が東西南北のどちらを向いているかによって、住宅地で4～5ポイントの格差が設けられています。ただ、南向きを標準とし他の方位をマイナスとするところもありますし、東向きを標準とするところもあります。また、方位を考慮しないところもあり、全国一律ではありません。

■接面道路の方位による格差(例示:「標準住宅地域」の場合)

基準地\対象地	北	西	東	南
北	1.00	1.02	1.03	1.05
西	0.98	1.00	1.01	1.03
東	0.97	0.99	1.00	1.02
南	0.95	0.97	0.98	1.00

　宅地が道路の東西南北のどちら側にあるかによって、価格差を付すのが鑑定の世界の常識となってきていますが、現在のところ、路線価には、方位による価格差は織り込まれていません。財産評価基本通達13《路線価方式》に定める路線価の設定条件によれば、曲線状の道路や屈折した道路の場合は、方位による格差を路線価に織り込むことはできませんし、真っ直ぐな道路の場合は、二重路線を付設しなければなりません。

　不動産鑑定評価は個々の土地の価額を評価するのに対し、相続税の路線価は、すべての土地の価額を面的な広がりをもって評価しますので、不動産鑑定評価ほどの精度を求めることはできません。そのために、相続税の路線価は、時下の80%程度の評価割合で評価することとされています。

　したがって、今後も、路線価は南向きを標準としているのか北向きを標準としているのかといった議論が生じてくることはないと思われます。

⑤　疑問点の検討——親の所有するがけ地を子が造成して家を建てた場合の造成宅地の評価

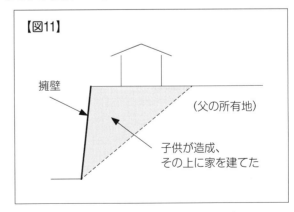

A；【図11】のようながけ地を、子が造成して家を建て、親子間の使用貸借契約を締結して、その家に子が住んでいる場合、子が造成した宅地の評価は、どうすればよいでしょうか。

　また、土地の改良費は土地の価値を増加させたので、親に対する贈与になるのでしょうか。

　それとも、本来、がけ地の斜面は父の所有地だから、子が行った造成費用は、父に対する貸付金になるのでしょうか。

B；所得税の取扱いでは、使用貸借の問題と原状回復義務の問題があります。例えば、地主が賃貸借契約により貸し付けた田んぼを、借主が造成してその土地を使用する場合、その造成費相当額は地主の不動産所得等の課税対象にはなりませんが、その土地を返却する際に、原状回復をせずにその造成費用相当額の償還を請求しないとした場合に、初めてその費用が課税対象になります。したがって、造成費用の取扱いは契約しだいといえます。

C；住民から借り受けた土地を、借り受けた業者がゴルフ場用地として造成した場合で、その後、その住民が亡くなったときに、ゴルフ場用地として評価するのではなく、貸し付ける前の土地の評価によるべきであることは財産評価基本通達86《貸し付けられている雑種地の評価》の（注）の定めがあり、この場合は、賃借権の設定された土地として評価しました。

B；地主に相続があった場合の貸付地の評価は、その貸付前の土地の評価によることになります。

この事例の父に有益費の償還義務がある場合に、子がこれを免除したときは、贈与税の認定課税を受けることになると思われます。

C；親子間の貸借では、契約書もないであろうし、将来において有益費の償還請求権を行使することもないと思われます。したがって、贈与税の認定課税を受けることになるでしょう。

A；建物の増改築の場合は、どうでしょうか。

C；建物の増改築の場合には、増改築した部分を原状回復するということは通常考えられません。有益費の償還請求権を留保する契約があれば、贈与認定は行いませんが、近親者間では、通常そのような契約はないし、原告においてもその事実はなく、まして、無職無収入の原告が実際に返還するとは考えられないとして、贈与税の認定課税を受けた最高裁の判例があります。

(6) 前面道路との間に水路や河川がある場合の評価と疑問点

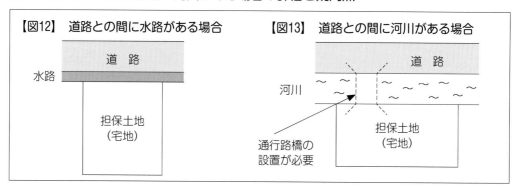

① 不動産鑑定評価と財産評価の違い

道路と担保土地との間に水路がある場合、前面の水路が溝であれば接道義務に問題はありませんが、河川法に規定する河川（一級河川、二級河川、準用河川、普通河川）で、その河川横断用の通路がない場合には、通行路橋を設置すれば接道義務を果たすことになります。この場合の担保土地の評価額の計算では、間口狭小補正を行って算出した金額から、その橋の設置費用を減額して評価することになります。

| 不動産鑑定評価における評価額 | ＝ | 前面道路との間に河川がないと想定した場合の評価額 | × | 間口狭小補正 | － | 通行路橋設置費用 |

　財産評価においても、これと同様に評価することになりますが、土地の評価額が80％とされていますから、通行路橋設置費用についても、80％相当額に圧縮するべきでしょう。また、橋が設置されている場合には、そのまま不整形地の旗竿地として評価することになります（「資産税関係質疑応答事例集」所載）。

② 疑問点の検討 ─── 前面道路と宅地との間に水路がある場合の評価区分 ───

A；溝幅が30㎝を超えれば水路、30㎝以内なら側溝。また、東海地方のＸ市の場合は70㎝以内であれば水路、それを超えると河川とされているとのことです。
　この場合、側溝であれば接道宅地、水路や河川である場合は橋が架かっていれば旗竿地、橋がなければ無道路地として評価するとのことですが、現実には、農地の場合など、道路に面していると判定すべきか、水路で分断されていると判定すべきか迷うことが多いですね。

B；固定資産税の宅地評価においては、各市町村で水路補正を行います。ただ、その場合、1ｍで河川と水路の区分をしている事例が多いようですが、統一された明確な基準はないのではないでしょうか。同じ1ｍでも、土で固めただけの水路である場合とコンクリートの擁壁で囲まれた水路では、暗渠の架け方や費用が異なるということもありますし…。

A；一つ事例があるのですが、こんな場合は、どうなるのでしょう？　30㎝～50㎝程度の農業用水路なので、正式に橋を架けておりません。コンバイン等を通すときに鉄板を置いて渡り、渡り終えると外しておくといった利用の仕方をしている場合です。

C；その水路に橋かそれに代わるものがなければ、利用に支障をきたすのであれば、不整形地補正後の40％相当額ではなく、橋の架設費用を控除して評価することになるのではないでしょうか。

B；農業用水路は、土地改良組合等の管理地となっている場合が多く、橋を架設するための利用許可は要りません。ところが、用水路の場合は、架設許可が要ります。
　水路に橋を架ける場合でも、そこに4ｍ以上の幅の橋を架設してはいけないという制約がある場合は、旗竿地としての評価となりますが、全面に橋を架設してもよいのであれば、その橋の部分を含めて不整形地として評価することになります。
　そうしますと、問題となるのは、「架設できる橋の幅である」ということになります。

(7) 赤線・青線がある場合の宅地の評価と疑問点

【図14】 宅地内で確認できないのに、公図上赤線・青線がある場合

```
         赤線          青線
    ┌─────────────────────┐
道  │   地番A      地番C  │
路  │                     │
    │      地番B          │
    └─────────────────────┘
```

① 不動産鑑定評価と財産評価の違いと疑問点

法務局で公図を見ますと、赤線や青線が目に付きます。赤線とは里道（農道）で、青線とは水路や田畑のあぜ（畦畔）のことですが、公図に付された線の色によって、一般には赤線、青線と称されています。これらは、いずれも「法定外公共物」と称される、無番地の国有地でしたが、市町村へ無償譲渡され、平成17年4月1日からは市町村有財産となっています（133ページ参照）。

公図上には、赤線や青線があるにもかかわらず、現地に行くと、里道や水路はなく、その敷地内に家屋が建っている事例が見受けられます。建築基準法上は、その宅地内には家屋の建築ができないはずなのに、現実には家屋があるのです。では、【図14】のような土地の場合、評価はどうすればよいのでしょうか。

解説書によれば、一筆の土地として評価するとか、赤線・青線で分断された道路に接していない土地は、無道路地として評価するとかの解説が多く、統一された見解がないようです。

不動産鑑定評価における担保価値の計算では、一体の土地としての価額から、赤線・青線の払下費用を控除した額とされています。

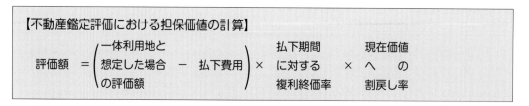

【不動産鑑定評価における担保価値の計算】

評価額 ＝（一体利用地と想定した場合の評価額 － 払下費用）× 払下期間に対する複利終価率 × 現在価値への割戻し率

財産評価の計算においても、この計算方式が援用できるのであれば、評価額は著しく低下することになります。その場合でも、法的には不法使用であり、民法上の時効との関係を考慮する必要があるのか。また、時効により取得した場合の課税は、時効の援用時の一時所得とされるようですが、第三者の占有により取得時効が完成している相続財産は、どのように課税されるのかといった疑問が残ります。これは、以前からの疑問点です。

【図14】に関しては、解説書では「地番B及び地番Cには建物は建てられず、建築確認も下りない」と結論付けていますが、現実に建物が存在する場合には、どう評価することになるのでしょうか。

また、不法建築物の建っている土地は、物納はできないとしても、この土地は建築物の存在によって、価値が増加しているのか・減価しているのか。この点についても、見解は分かれているようです。

② 疑問点の検討 ——— 赤線・青線がある場合の宅地の評価 ———

C；赤線・青線の評価について記述された文献は少ないのですが、一般的に、この赤線・青線が公用財産としての形態や機能を喪失しているのか否かをよく吟味して評価すべきであることは、充分認識はされているようです。

　ただ、この場合、赤線・青線が法的に公共用財産として機能しているのであれば、①一体評価した後で、赤線部分を控除する方法と、②赤線の奥の部分と前面の土地を区分し、奥の土地を無道路地として評価し、前面は前面として評価した上で両者を合計するという方法があります。一方、公用が廃止されたと認められるのであれば、一体評価することになりますが、この場合は、時効取得の問題が発生すると考えられます。

A；このような事例は、頻繁に出てくるのではないでしょうか。

C；これまでのところ幸か不幸か、中央を赤線や青線が貫く事例はなく、評価を左右するようなものはありませんでした（笑い）。

B；現実には、知らずに使っている事例が多いのではないでしょうか。これまでに一例だけですが、中央に赤線が通っているのに、そこに蓋をして使っているという事例がありました。

A；その場合の面積は、赤線部分を除いた登記簿上の面積によるのですか。

B；所有地でない部分は、含めないと思います。

C；払下げを受けた場合には、全体評価をしたものから払下金額を差し引くことになりますが、その払下単価が路線価と同一なら、評価額に大差はないことになります。

B；例えば、無道路地の場合は、進入路を評価対象地に含めませんが、この場合と同じで、赤線部分の面積は、その宅地の評価額の計算上、宅地の面積に含めないで計算し、払下金額を差し引くこととすれば、平仄がとれます。

　しかし、この土地を物納する場合は、そのままだと大問題になるでしょうね（笑い）。

A；払下げを受けた場合の物納価額は、どうなりますか。

B；払下価額をオンした金額になります。

【コメント】
　赤線・青線がある場合の評価については、この項の議論と併せて46ページ（第Ⅰ編の4の(3)）及び133ページ（第Ⅲ編の3）の解説を参照してください。

第Ⅴ編　倍率地域・土壌汚染地域の宅地の評価

1. 倍率地域にある宅地の評価は、どうするか

　倍率地域にある宅地の評価は、固定資産税評価額によることとされていますが、固定資産税における土地の評価単位は、土地課税台帳又は土地補充課税台帳に登録されている1筆の登録単位によることとされています。
　ところが、倍率方式による土地の評価単位は1利用単位（1画地）とされていますので、「1筆＝1利用単位（1画地）」とはならない場合があります。
　また、宅地の実測値と土地登記簿上の地積が異なる場合や固定資産税評価額が付されていないなど、その判断に戸惑う事例に遭遇することがあります。
　では、このような宅地は、どのようにして評価をすればよいのでしょうか。

(1) 倍率地域にある宅地の評価は、どうするか

　倍率方式によって評価する宅地の評価額は、基本的には、その宅地の「固定資産税評価額」に、国税局別に公表される『財産評価基準書』の「倍率表」に表示されている「固定資産税評価額に乗ずる倍率」を乗じて求めます。

　したがって、倍率方式によって評価する宅地の評価額は、基本的には、その宅地の「地積」と『財産評価基準書』の「倍率表」に表示されている「適用地域」の「固定資産税評価額に乗ずる倍率」がわかれば、簡単に計算することができます。
　では、次のような倍率地域にある宅地の評価は、どのようにして評価すればよいのでしょうか。

1．倍率地域にある宅地の評価は、どうするか **175**

【設例】・宅地の所在地：岸和田市尾生町××番（国道170号線（外環状線）より北側の地域の宅地）
　　　　・宅地の所在する地域：　　倍率地域
　　　　・宅地の地積：　　　　　　300㎡
　　　　・固定資産税評価額：　　11,000,000円
　　　この宅地の相続税評価額は、いくらになるのでしょうか。

上記【設例】の場合の宅地の評価額は、次のようになります。
●評価倍率表

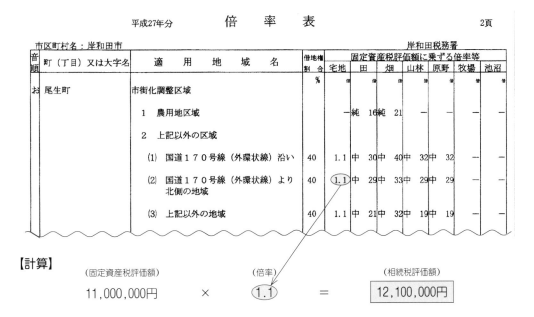

(2) 「固定資産税の評価単位」と「倍率方式による評価単位」が異なる宅地の評価は、どうするか

　固定資産税の評価単位は、1筆ごとですから、「土地課税台帳」や「土地補充課税台帳」に登録されている登録単位の多くは、1筆ごとに表示されています。

　ところが、倍率方式による宅地の評価単位は、1利用単位（1画地）ですから、固定資産税の評価単位と倍率方式による宅地の評価単位が、必ず一致するとは限りません。

　例えば、「1筆の宅地」が「自用地」と「貸家建付地」というように複数の画地として利用されているような場合や、1画地が数筆の宅地で構成されているような場合には、「1筆＝1利用単位（1画地）」とはなりません。このような場合には、固定資産税評価額の調整計算が必要になります。

　そこで、この二つの事例から、その調整計算の仕方を考えてみましょう。

【事例1】　1筆の宅地が複数の画地として利用されている場合の評価方法

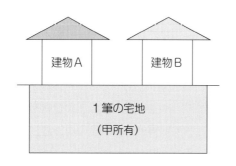

○宅地は、甲所有
○建物A・Bは、いずれも甲所有
　・建物Aには、甲が居住
　・建物Bは、他人に賃貸中

【評価の考え方】

　1筆の宅地が複数の画地として利用されている場合には、次のような固定資産税評価額の調整計算が必要になります。

① 　原則法による場合：その1筆の宅地に付された固定資産税評価額を基に、それぞれの画地に付されるべき固定資産税評価額を評定します。

② 　簡便法による場合：課税上弊害がない場合には、その1筆の宅地に付された固定資産税評価額を各画地の面積比に按分する方法も認められるべきものと考えられます。

【事例2】　1画地が数筆の宅地から構成されている場合の評価方法

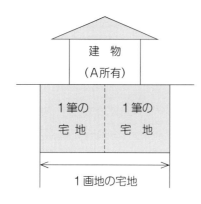

○宅地2筆（1画地）は、甲所有
○建物Aは、甲所有で、甲居住

【評価の考え方】

　1画地が複数の宅地で構成されている場合には、次のような固定資産税評価額の調整計算が必要になります。

① 　原則法による場合：その画地が1筆の宅地からなっていると仮定して計算した固定資産税評価額を、その1画地を構成する各筆の状況を勘案して評定します。

② 　簡便法による場合：課税上弊害がない場合には、単に各筆の固定資産税評価額を合計して計算する方法も認められるべきものと考えられます。

⑶ **倍率地域にある宅地の実測値と土地登記簿上の地積が異なる場合の宅地の評価は、どうするか**

　固定資産税課税台帳に登録されている宅地の地積が、実際に測量した面積と異なる場合があります。このような宅地を倍率方式で評価する場合には、どのようにすればよいのでしょうか。

　宅地の価額は、課税時期における実際の面積に基づいて評価することとされていますので、このような宅地については、「固定資産税評価証明書」に記載されている固定資産税評価額に対して、そのまま、その地域の評価倍率を乗じて評価額を計算しても、実態に即した適正な評価額を算出することはできません。

　このような宅地を倍率方式によって評価する場合には、その宅地の実際の面積に対応する仮の固定資産税評価額を算出し、その金額に倍率を乗じて計算した価額を、その宅地の評価額とすることになります。

　この場合に、仮に求める固定資産税評価額は、特に支障がない限り、次の算式によって計算しても差し支えないものとされています（評基通8、21、国税庁「質疑応答事例」）。

【仮に求める固定資産税評価額の計算方法】

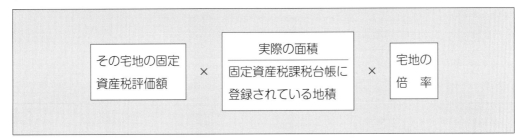

【事例】倍率地域にある宅地の実測値と土地登記簿上の地積が異なる場合の仮の固定資産税評価額の求め方

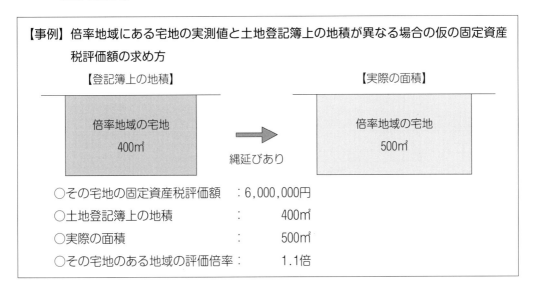

【仮に求める固定資産税評価額の計算】

(その宅地の固定資産税評価額)　　　（実際の面積）　　　（倍率）　　（仮に求めるその宅地の固定資産税評価額）

6,000,000円 × $\dfrac{500㎡}{400㎡}$ × 1.1倍 ＝ 8,250,000円

（土地登記簿上の地積）

(4) 固定資産税評価額が付されていない宅地の評価は、どうするか

倍率方式によって評価する宅地について、国有地の払下げがあった直後に相続があったために、課税時期において固定資産税が付されていない場合や、農地を宅地に地目変更した直後に課税時期が到来したために、その宅地に付されている固定資産税評価額が現況に応じた固定資産税評価額となっていない場合があります。そのような宅地については、その宅地の現況に応じた、状況が類似する付近の宅地の固定資産税評価額を基にして、付近の宅地とその宅地との位置、形状などの条件の差を考慮して、その宅地の固定資産税評価額に相当する額を算出し、その額に評価倍率を乗じて、その宅地の評価額を算出します（評基通21）。

ただし、相続税・贈与税の申告書の提出期限までに、その宅地に新たに固定資産税評価額が付された場合には、その付された評価額に基づいて評価することになります。

(5) 倍率地域にある不整形地等の宅地の評価は、どうするか

倍率方式によって評価する宅地が、不整形地や間口狭小宅地であったり、無道路地等である場合、路線価方式で評価する場合のように、これらの個別事情を斟酌して不整形地補正や間口狭小補正といった画地補正を行うことができるかどうかがよく問題とされます。

しかしながら、倍率方式によって宅地評価を行う場合は、原則として、不整形地等の画地補正等を斟酌して評価することはありません。その事由は、固定資産税評価額の計算過程において、既にこのような個別事情の斟酌が織り込まれていると考えられているからです。

したがって、不整形地等の画地補正等について、再度、斟酌をする必要はありません。

> 【コメント】倍率方式が適用される地域にある私道の評価は、どうするか。
>
> 　倍率方式が適用される地域にある私道であっても、基本的な評価の考え方は路線価地域の私道の評価の仕方と同じで、次の算式によって計算します（87ページ参照）。
>
> | 私道として減額される前の固定資産税評価額 × 宅地の評価倍率 × $\dfrac{30}{100}$ |
>
> 　ただし、その私道が不特定多数の者の通行の用に供されているときには、その私道の価額は評価しません。

2. 土壌汚染地域にある宅地の評価は、どうするか

平成15年に「土壌汚染対策法」が施行されたことに伴い、相続税の宅地評価においても、「評価対象宅地が、課税時期において、土壌汚染の状況が判明している宅地」である場合には、土壌汚染地として評価することになりました。

ただし、土壌汚染の可能性があるなどの潜在的な段階では、土壌汚染宅地として評価することはできません。

（注）「土壌汚染対策法」等では、「土壌汚染地」と規定されていますが、本書では、宅地評価に限定した記述であるため、以下「土壌汚染宅地」と記述します。

(1) 土壌汚染対策法における措置には、どんなものがあるか

① 「土壌汚染対策法」とは、どんな法律か

土壌汚染対策法は、平成15年2月に、「土壌の汚染の状況を把握し、土壌の汚染による人の健康被害を防止するための措置等を定めることによって、土壌汚染対策の実施を図り、国民の健康被害を保護する」ことを目的として設けられた法律です。

市街地からの工場移転に伴う跡地の再開発が多くなったことにより、その工場跡地で重金属類や揮発性有機化合物などの、人体に有害な土壌汚染地や地下水の汚染の事実が次々に判明するようになったことが、この法律の制定要因と言われています。

なお、この法律の規定以外にも、地方自治体が独自に条例を設けて、土壌汚染地に対する措置を設けているところもあります。

② 土壌汚染に対する措置には、どんなものがあるか

この土壌汚染対策法における土壌汚染に対する措置としては、大別すると、土壌汚染自体を除去する措置と汚染の拡大を防止する措置の二つの措置が設けられています。

そして、土壌汚染自体を除去する措置としては、①汚染土壌を掘削により除去する措置と、②原位置で浄化を行って除去等をする措置が設けられています。

また、汚染の拡大を防止する措置としては、①原位置での封込措置と、②盛り土等を行う措置が設けられています。

なお、平成20年5月の改正により、地方自治体が土壌汚染状況調査が行われていない土地を新たに取得して、公園等の公共施設や学校、卸売市場等の公益的施設等に使用する場合には、土壌汚染調査を義務付ける措置が設けられています。

③ 土壌汚染対策法の問題点とは？

これらの汚染土壌に対する措置命令の対象地が、都道府県知事が指定する「指定区域内の土地の土壌汚染」に限られていることや、地下水面より上部の地層であること、自然由来の汚染や近隣地からのもらい汚染、放棄された汚染土地の問題、廃棄物等の不法投棄地域の問題、さらには、対象物質が限定されているための法規定外の油汚染などによる有害物質問題など、ま

た、現在の環境省の指定する専門調査機関の精度向上への対応策等々、今後改善すべき多くの問題点が指摘されています。

(2) 不動産鑑定評価では土壌汚染宅地は、どう評価するか

　土壌汚染宅地の不動産鑑定評価は、理論的には「㈠①原価法、②取引事例比較法、③収益還元法による三つの評価法及び④開発法の各手法を併用して、土壌汚染を考慮して求めた各試算価格調整後の価格」を「土壌汚染地の価値」とすることが原則とされています。

　ただ、現実には、これらの各試算価格に「浄化費用」や「スティグマ（汚染に起因する心理的嫌悪感等）による減価額」を反映させることが困難であるため、「㈡汚染がないものとした場合の価値を、①原価法、②取引事例比較法、③収益還元法による三つの評価法と④開発法の手法を併用して求めた後で、「浄化費用」や「スティグマ（汚染に起因する心理的嫌悪感等）による減価額」を控除する『浄化費用等控除方式』」が土壌汚染地の価格を求める方法として認められています。

㈠　原　則

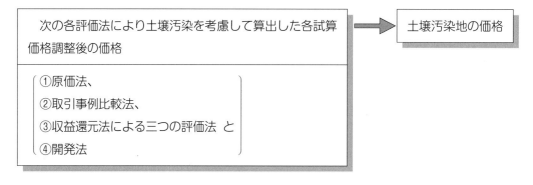

㈡　浄化費用等控除方式

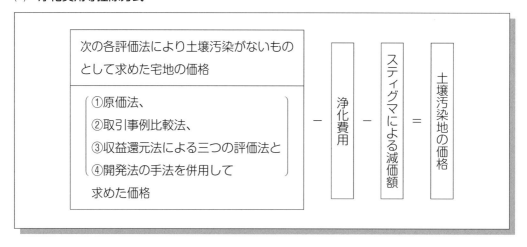

　ただし、土壌汚染状況調査等によって土壌汚染が存在することが判明している場合であって

も、現時点において、不動産鑑定士等のみで除去等の措置費用を算定することは困難です。そこで、環境省の指定する専門調査機関の工事費見積額を基にして鑑定評価を行うことになります。

(3) 土壌汚染宅地の評価は、どうするか
① 土壌汚染宅地の「判明の時期」と「課税関係」は？

評価すべき宅地が「土壌汚染地」に該当するかどうかは、「相続税の課税時期」において、「評価対象地の土壌汚染の状況が判明している土地」であることが要件とされています。

したがって、相続税の課税時期には不明であったが、その後の調査で「土壌汚染地」であることが判明した場合には、土壌汚染地として評価することはできません。そのため、この段階で浄化費用の支出があったとしても、その費用は控除することができません。

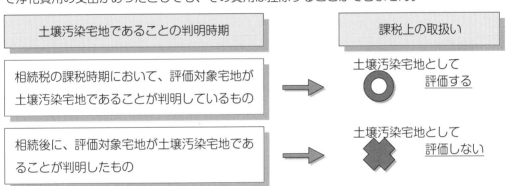

② 土壌汚染宅地の評価は、どうするか

土壌汚染宅地の評価方法は、鑑定評価の手法を参考にすると、①「原価方式」、②「取引事例比較方式」、③「収益還元方式」の三つの方法が考えられますが、相続税等の財産評価においては、上記①の「原価方式」を土壌汚染宅地の基本的な評価方法とすることが適当であるとしています（平成16年7月5日付　国税庁課税部資産評価企画官情報第3号、資産課税課情報第13号）。

その理由として、②の「取引事例比較方式」は、土壌汚染地の売買実例の収集が困難であることが挙げられ、③の「収益還元方式」は、土壌汚染地の還元利回りを決定することが困難であるため、これらの評価方式は、現段階においては、標準的な評価方法とすることは難しく、適当であるとは言えない、と指摘しています。

その一方、①の「原価方式」は、「使用収益制限による減価」及び「心理的要因（スティグマ）による減価」をどのように見るかの問題があるものの、「汚染がないものとした場合の評価額」や「浄化・改善費用」等の把握ができるので、土壌汚染宅地の基本的な評価方法とすることが可能である、とその理由を説明しています。

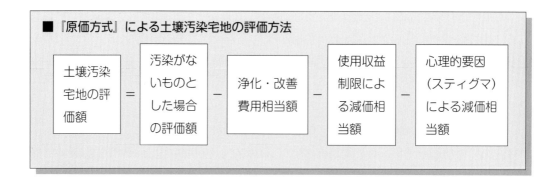

③ 土壌汚染宅地の『浄化費用』等は、どのようにして求めればよいのか

　土壌汚染宅地の「浄化・改善方法」は、現在のところ、標準的な手法や技術等が確立されていないため、標準的な浄化・改善方法に基づいた費用を算定することは困難です。そのため、「浄化・改善に要した費用相当額」については、現状では、環境省の指定する専門調査機関の工事費用の見積額を「浄化・改善に要した費用相当額」として評価額の計算を行うことになります。

　また、「使用収益制限による減価相当額」は取引事例が少なく、一定の減価割合を定めることができない状況にあるため、当面は、個別に検討・判断することになるものと思われます。

　「心理的要因（スティグマ）による減価相当額」についても、同様で、現実には、心理的嫌悪感に基づく減価要因割合が公表されたこともなく、しかも、このような心理的要因を数値化すること自体困難であるため、標準化は困難です。そのため、当面は、個別に検討・判断せざるを得ないものと思われます。

④ 土壌汚染宅地の「浄化・改善に要した費用」と「宅地の価額」は、どうするか

　その汚染宅地の「浄化・改善に要した費用」については、課税時期において確定している場合には、その宅地の評価額から、その「浄化・改善に要した費用相当額」を控除するのではなく、相続税法14条1項≪控除すべき債務≫に規定する「確実な債務」として、相続税の課税価格から控除すべき債務として計上することになります。

　他方、その「宅地の価額」は、課税時期においては土壌汚染宅地ではあるものの、いずれは浄化・改善措置を施した後の土地となることが確実と見込まれるため、その復帰後の価値によって評価することが相当と考えられることから、評価対象宅地の評価は、浄化・改善措置が完了した宅地として評価することになります。

⑤ 土壌汚染の原因が相続人にない場合の「浄化・改善費用の請求権」は、どうなるか

　その宅地の汚染の原因が相続人にはない場合で、他にその原因を断定できる者が判明している場合であれば、土壌汚染宅地の「浄化・改善に要した費用相当額」として立て替えた額を、その原因を作った者に請求することができます。

　この場合の評価対象宅地の評価は、浄化・改善措置が完了した宅地として評価することになります。

一方、この場合の「浄化・改善に要した費用相当額」は、その原因を作った者に対する請求権≪求償権≫として、相続財産に計上することになります。

ただし、その原因を作った者が破産状態にあるなどで、回収不能である場合には、その請求権は、相続税の課税対象とする必要はありません。

なお、物納許可後に土壌汚染が判明した場合の取扱いについては、国税庁ホームページの次の「Q&A」のとおりとなります。

■相続税の物納手続（平成18年度改正事項）に関するQ&A

【問22】 物納許可後に土壌汚染等が判明した場合、どうなるのでしょうか。

【回答】
1　土地等の物納に当たって、土壌汚染等のないことが明白でない場合には、物納許可に条件を付すことができることとなりました（相続税法42条27項）。

　　したがって、物納許可に当たって、例えば「物納許可後に土壌汚染等の存在が判明した場合には、汚染の除去等の措置を講じること。」といった条件が付されていた場合に、物納許可から5年以内に土壌汚染が判明した場合は、税務署長等から汚染の除去等を行うように「許可条件の履行を求める旨を記載した通知書」が送付されます（相続税法48条1項）。

　　この通知書が送付された場合には、その通知書に記載された期限までに土壌汚染等の除去等を行っていただく必要があります。

2　仮に、その期限までに土壌汚染等の除去を行うことができなかった場合には、物納許可が取消しされ、物納許可に係る相続税を一時に納付する必要が生じることとなります（相続税法48条2項）。

3　なお、物納許可が取り消され、又は取り消されることとなる場合には、この汚染等が判明した日の翌日から起算して4月以内に、当該土壌汚染等に係る課税評価の減額について、更正の請求（特例）を行うことができることとされています（相続税法32条、相続税法施行令8条、相続税法基本通達42-14、タックスアンサー No.4214）。

相続税法基本通達（許可の条件）

42-14　法第42条第30項に規定する「物納の許可をする場合において、物納財産の性質その他の事情に照らし必要があると認めるとき」に付すことができる許可の条件とは、次のようなものをいう。（平18徴管5-14追加、平24徴管6-11改正）

① 物納許可後、物納財産の収納のために必要な所有権移転手続等を要する場合
　…所有権移転手続等を行うこと（有価証券の名義変更及び引渡し並びに動産の引渡し等）

② 通常の確認調査等では土壌汚染等の隠れた瑕疵がないことが確認できない場合
　…瑕疵が判明した場合には当該瑕疵を除去等すること（土壌汚染の除去、地下埋設物の撤去や国が除去等を行った場合の当該除去費用の支払など）

③ 取引相場のない株式の物納を許可する場合
　…物納財産の収納後に一般競争入札により当該株式を売却する場合に、売却に必要な有価証券届出書等を提出すること

【附録／誤りやすい事例】

■有料駐車場として利用している土地の評価

次のような形態で有料駐車場として利用している土地は、どのように評価したらいいのですか。
① モータープール（時間貸し）
② 青空駐車場（月極）
③ ２階建立体駐車場（構築物）
④ シャッター付きガレージ（建物）
⑤ 自走式５階建ガレージ（鉄筋造建物）

有料駐車場といっても千差万別ですが、以下の理由により、ご質問の有料駐車場は、いずれも自用地価額で評価することになります。

(1) 施設の管理者を置き利用者の自動車の出入りを管理している場合や不特定多数の者から時間の長短に応じて定めた料金を収受している場合など、自己の責任において他人の自動車を保管するような形態の有料駐車場は、駐車場施設において自動車を保管することを目的とする契約（寄託契約）によるものと考えられます。土地に係る賃借権は、賃貸借契約によって発生するものですから、寄託契約による場合は、賃借権は成立しません。

(2) 有料駐車場の使用が賃貸借契約に基づく場合であっても、臨時的な使用に係る賃借権や賃貸借期間が１年以下の賃借権の価額は評価しません。この場合の賃借権の目的となっている土地については、自用地価額で評価します。

(3) 構築物を賃貸借している場合は、構築物の賃借人の敷地に対する権利は評価しません。したがって、貸し付けられている構築物の敷地は自用地価額で評価します。

なお、駐車場の用に供する目的で建物の賃貸借契約を締結した場合、その建物で生活や営業が営まれるものではありませんから、借地借家法の保護の対象となる借家権は成立しないものと考えられます。したがって、その建物の敷地は貸家建付地には当たらず、賃貸借の目的となっている構築物の敷地と同様、自用地価額で評価します。

【参考資料】 画地調整率一覧表

付表1／奥行価格補正率表

(平18課評2−27改正)

地区区分 奥行距離(m)	ビル街地区	高度商業地区	繁華街地区	普通商業・併用住宅地区	普通住宅地区	中小工場地区	大工場地区
4未満	0.80	0.90	0.90	0.90	0.90	0.85	0.85
4以上 6未満		0.92	0.92	0.92	0.92	0.90	0.90
6以上 8未満	0.84	0.94	0.95	0.95	0.95	0.93	0.93
8以上 10未満	0.88	0.96	0.97	0.97	0.97	0.95	0.95
10以上 12未満	0.90	0.99	0.99	0.99	1.00	0.96	0.96
12以上 14未満	0.91	0.99	1.00	1.00		0.97	0.97
14以上 16未満	0.92	1.00				0.98	0.98
16以上 20未満	0.93					0.99	0.99
20以上 24未満	0.94					1.00	1.00
24以上 28未満	0.95				1.00		
28以上 32未満	0.96		0.98		0.98		
32以上 36未満	0.97		0.96	0.98	0.96		
36以上 40未満	0.98		0.94	0.96	0.94		
40以上 44未満	0.99		0.92	0.94	0.92		
44以上 48未満	1.00		0.90	0.92	0.91		
48以上 52未満		0.99	0.88	0.90	0.90		
52以上 56未満		0.98	0.87	0.88	0.88		
56以上 60未満		0.97	0.86	0.87	0.87		
60以上 64未満		0.96	0.85	0.86	0.86	0.99	
64以上 68未満		0.95	0.84	0.85	0.85	0.98	
68以上 72未満		0.94	0.83	0.84	0.84	0.97	
72以上 76未満		0.93	0.82	0.83	0.83	0.96	
76以上 80未満		0.92	0.81	0.82			
80以上 84未満		0.90	0.80	0.81	0.82	0.93	
84以上 88未満		0.88		0.80			
88以上 92未満		0.86			0.81	0.90	
92以上 96未満	0.99	0.84					
96以上100未満	0.97	0.82					
100以上	0.95	0.80			0.80		

付表2／側方路線影響加算率表

(平18課評2－27改正)

地区区分	加算率	
	角地の場合	準角地の場合
ビル街地区	0.07	0.03
高度商業地区 繁華街地区	0.10	0.05
普通商業・併用住宅地区	0.08	0.04
普通住宅地区 中小工場地区	0.03	0.02
大工場地区	0.02	0.01

(注) 準角地とは、次図のように一系統の路線の屈折部の内側に位置するものをいう。

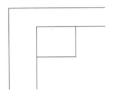

付表3／二方路線影響加算率表

(平18課評2－27改正)

地区区分	加算率
ビル街地区	0.03
高度商業地区 繁華街地区	0.07
普通商業・併用住宅地区	0.05
普通住宅地区 中小工場地区	0.02
大工場地区	0.02

付表4／地積区分表（「路線価図」の表示記号付き）

(平18課評2－27改正)

地区区分	「路線価図」の表示記号	地積区分		
		A	B	C
ビル街地区	6角形 ⬡			
高度商業地区	だ円形 ⬭	1,000㎡未満	1,000㎡以上 1,500㎡未満	1,500㎡以上
繁華街地区	8角形 ⬠	450㎡未満	450㎡以上 700㎡未満	700㎡以上
普通商業・併用住宅地区	円形 ◯	650㎡未満	650㎡以上 1,000㎡未満	1,000㎡以上
普通住宅地区	無印	500㎡未満	500㎡以上 750㎡未満	750㎡以上
中小工場地区	ひし形 ◇	3,500㎡未満	3,500㎡以上 5,000㎡未満	5,000㎡以上

(注) 「路線価図」には、上記以外の「大工場地区」は、▭（長方形）で表示されています。

付表5／不整形地補正率表

(平18課評2-27改正)

地区区分 地積区分 かげ地割合	高度商業地区、繁華街地区、普通商業・併用住宅地区、中小工場地区			普通住宅地区		
	A	B	C	A	B	C
10％以上	0.99	0.99	1.00	0.98	0.99	0.99
15％以上	0.98	0.99	0.99	0.96	0.98	0.99
20％以上	0.97	0.98	0.99	0.94	0.97	0.98
25％以上	0.96	0.98	0.99	0.92	0.95	0.97
30％以上	0.94	0.97	0.98	0.90	0.93	0.96
35％以上	0.92	0.95	0.98	0.88	0.91	0.94
40％以上	0.90	0.93	0.97	0.85	0.88	0.92
45％以上	0.87	0.91	0.95	0.82	0.85	0.90
50％以上	0.84	0.89	0.93	0.79	0.82	0.87
55％以上	0.80	0.87	0.90	0.75	0.78	0.83
60％以上	0.76	0.84	0.86	0.70	0.73	0.78
65％以上	0.70	0.75	0.80	0.60	0.65	0.70

(注)1 不整形地の地区区分に応ずる地積区分は、付表4「地積区分表」による。

2 かげ地割合は、次の算式で計算した割合による。

$$\text{「かげ地割合」} = \frac{\text{想定整形地の地積} - \text{不整形地の地積}}{\text{想定整形地の地積}}$$

3 間口狭小補正率の適用がある場合においては、この表により求めた不整形地補正率に間口狭小補正率を乗じて得た数値を不整形地補正率とする。ただし、その最小値はこの表に定める不整形地補正率の最小値（0.60）とする。

　また、奥行長大補正率の適用がある場合においては、選択により、不整形地補正率を適用せず、間口狭小補正率に奥行長大補正率を乗じて得た数値によって差し支えない。

4 大工場地区にある不整形地については、原則として不整形地補正を行わないが、地積がおおむね9,000㎡程度までのものについては、付表4「地積区分表」及びこの表に掲げる中小工場地区の区分により不整形地としての補正を行って差し支えない。

付表6／間口狭小補正率表

地区区分 間口距離(m)	ビル街地区	高度商業地区	繁華街地区	普通商業・併用住宅地区	普通住宅地区	中小工場地区	大工場地区
4未満	−	0.85	0.90	0.90	0.90	0.80	0.80
4以上6未満	−	0.94	1.00	0.97	0.94	0.85	0.85
6以上8未満	−	0.97	1.00	1.00	0.97	0.90	0.90
8以上10未満	0.95	1.00	1.00	1.00	1.00	0.95	0.95
10以上16未満	0.97	1.00	1.00	1.00	1.00	1.00	0.97
16以上22未満	0.98	1.00	1.00	1.00	1.00	1.00	0.98
22以上28未満	0.99	1.00	1.00	1.00	1.00	1.00	0.99
28以上	1.00	1.00	1.00	1.00	1.00	1.00	1.00

付表7／奥行長大補正率表

(平11課評2−12改正)

地区区分 奥行距離／間口距離	ビル街地区	高度商業地区 繁華街地区 普通商業・併用住宅地区	普通住宅地区	中小工場地区	大工場地区
2以上3未満	1.00	1.00	0.98	1.00	1.00
3以上4未満	1.00	0.99	0.96	0.99	1.00
4以上5未満	1.00	0.98	0.94	0.98	1.00
5以上6未満	1.00	0.96	0.92	0.96	1.00
6以上7未満	1.00	0.94	0.90	0.94	1.00
7以上8未満	1.00	0.92	0.90	0.92	1.00
8以上	1.00	0.90	0.90	0.90	1.00

付表8／がけ地補正率表 （平11課評2－12改正）

がけ地地積／総地積＼がけ地の方位	南	東	西	北
0.10以上	0.96	0.95	0.94	0.93
0.20以上	0.92	0.91	0.90	0.88
0.30以上	0.88	0.87	0.86	0.83
0.40以上	0.85	0.84	0.82	0.78
0.50以上	0.82	0.81	0.78	0.73
0.60以上	0.79	0.77	0.74	0.68
0.70以上	0.76	0.74	0.70	0.63
0.80以上	0.73	0.70	0.66	0.58
0.90以上	0.70	0.65	0.60	0.53

（注） がけ地の方位については、次により判定する。

1　がけ地の方位は、斜面の向きによる。

2　2方位以上のがけ地がある場合は、次の算式により計算した割合をがけ地補正率とする。

$$\frac{\left(\begin{array}{c}\text{総地積に対するがけ地部分}\\\text{の全地積の割合に応ずるA}\\\text{方位のがけ補正率}\end{array}\right) \times \begin{array}{c}\text{A方位の}\\\text{がけ地の}\\\text{地　積}\end{array} + \left(\begin{array}{c}\text{総地積に対するがけ地部分}\\\text{の全地積の割合に応ずるB}\\\text{方位のがけ補正率}\end{array}\right) \times \begin{array}{c}\text{B方位の}\\\text{がけ地の}\\\text{地　積}\end{array} + \cdots\cdots}{\text{がけ地部分の全地積}}$$

3　この表に定められた方位に該当しない「東南斜面」などについては、がけ地の方位の東と南に応ずるがけ地補正率を平均して求めることとして差し支えない。

■都市計画道路予定地補正率表 （平14課評2－2追加）

（地区区分別の容積率及び地積割合）　　　　　　　　　　　　　　　【財産評価基本通達24-7より】

地区区分＼容積率＼地積割合	ビル地区、高度商業地区			繁華街地区、普通商業・併用住宅地区			普通住宅地区、中小工場地区、大工場地区	
	600%未満	600%以上700%未満	700%以上	300%未満	300%以上400%未満	400%以上	200%未満	200%以上
30%未満	0.91	0.88	0.85	0.97	0.94	0.91	0.99	0.97
30%以上60%未満	0.82	0.76	0.70	0.94	0.88	0.82	0.98	0.94
60%以上	0.70	0.60	0.50	0.90	0.80	0.70	0.97	0.90

（注）地積割合とは、その宅地の総地積に対する都市計画道路予定地の部分地積の割合をいう。